문학공원 산문선 55

# 꿈 같은 당신의 얼굴

Your dreamy face

김윤호 산문집

멀리 떠난 당신에게 무슨 말을 어찌 하리오
바람 불 때 나뭇가지 흔들리거든
나의 노랫소리로 귀담아주길 바라오
이 몸 또한 귀담아들으며
만날 때까지 기다리겠소

望90촌로의 思婦曲

문학공원

▲ 아버지 김기풍 선생

▲ 어머니 이해진 여사

▲ 저자 노송 김윤호 선생

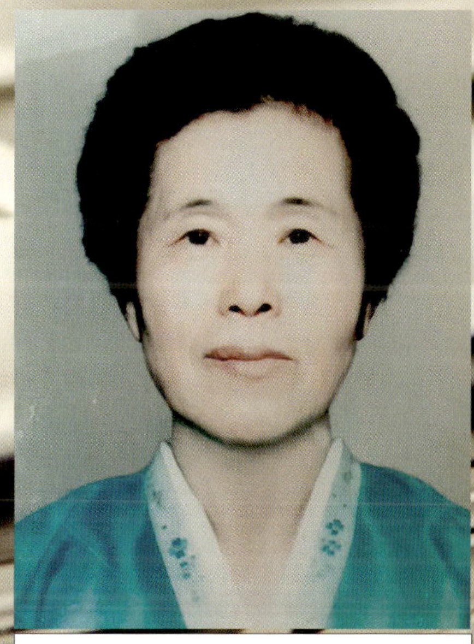
▲ 사모님 한순옥 여사

포구 상점

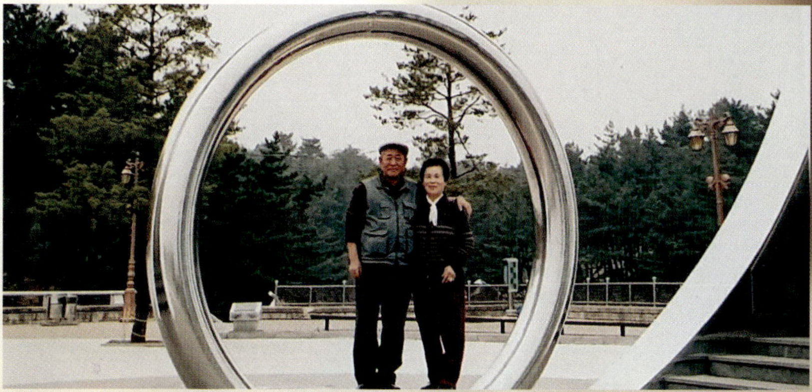

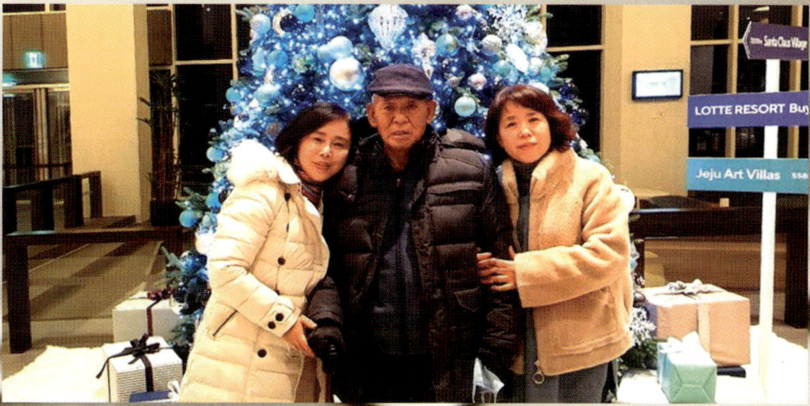
LOTTE RESORT
Jeju Art Villas

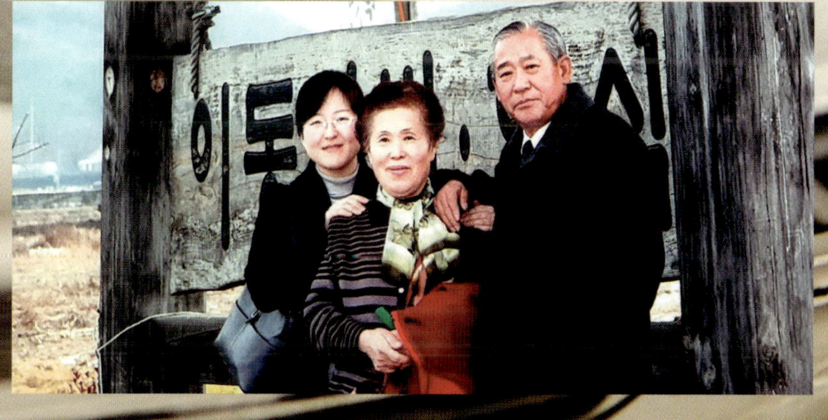

경민대학교

2004 9 17

삼일포
2004 9 17

見敵必殺
국민의 군대
대한민국

포천시
경
제 16회 포천사랑백일장 · 제 9회 포천병영백일장 시상식
축
● 2018년 11월 12일(월) 14:00 ● 포천시립중앙도서관
| 주최 | 포천예총 | 주관 | 포천문인협회 | 후원 | 포천시청, 포천교육지원청, 포천시의회, 5군단, 6군단

Herb

2010년5월19일

경
일시:2001.12.3 장소:청성문화체육공원
제3회 포천군게이트볼연합회장기 게이트볼대회
주최:포천군게이트볼연합회
후원:포천군
군의회, 생활체육협의회, 포천로타
축

第 99 號

辭令狀

姓名 김 윤 호

任 참사

給 1급 1호

補 이동지사 지사장

西紀 19[illegible] 年 [illegible] 月 25 日

中小商工株式會社

代表理事 朴 貴 男

제 3-7 134 호

# 수 료 증

성명 김 윤 호

1936년 11월 1일생

위의 사람은 중앙훈련원이 실시하는 1972 년도 현지교육과정을 마쳤으므로 이 증서를 수여함

1972년 7월 4일

민 주 공 화 당

총 재 박 정 희

제1205호

# 수료증서

소속 경기도 포천군

직위 대장 성명 김 윤 호

위 사람은 의용소방 대장반 제10기 교육 훈련을 수료 하였으므로 이증서를 수여함

1986 년 4 월 26일

내무부소방학교장 안 병 찬

방 범
제 99 호
포천경찰서 이동 지·파출소
자율방범위원
김 윤 호
위 경 기 도 원

# 임 용 장

김 윤 호

포천군 이동면의용소방대 대장에 임명함.

19 92 년 3 월 21 일

경 기 도 지 사

記念牌
초대 회장 김 윤 호
재직기간 70. 7. 17~83. 7. 17
귀하는 이동면 애향회 발족과 아울러 회장직을 역임하면서 고향의 옛 친구들을 다시금 만남의 교차로 역할을하고 지역발전과 아울러 젊은뜻이 같이 함께 함을 후세에 영원히 잊혀지지 않게 함에 공이 큼으로 이에 감사패를 드립니다.
1983. 7. 17
이동면 애향회 회원 일동

[제 2020-40호]

# 장관표창 수여 확인서

| | | |
|---|---|---|
| 인적사항 | 성 명 | 김윤호 |
| | 소속(주소) | 경기도 포천군 이동면 의용소방대 |
| | 생년월일 | 1936. 11. 1. |
| 종 류 | | 내무부장관표창 제1993-4485호 |
| 공 적 개 요 | | '93 소방업무유공 |
| 수여연월일 | | 1993. 11. 9. |

위와 같이 표창수여 사실이 있음을 확인합니다.

2020년 6월 4일

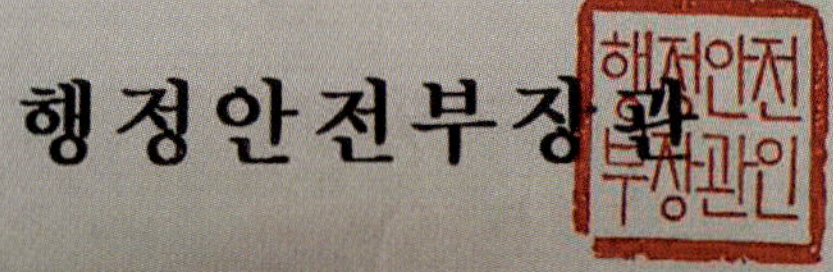

세종특별자치시 정부2청사로 13, 713호(정부세종2청사)
담당 [illegible] TEL(044)205-1392 FAX(044)205-8716

功勞牌

抱川郡 二東面 義勇消防隊
隊長 金允鎬

貴下께서는 1977年1月1日부터 1997年1月26日까지 20年間을 抱川郡 二東面 義勇消防隊 副隊長과 隊長으로 몸담아 오시면서 透徹한 使命感과 獻身的인 奉仕精神으로 地域住民을 위한 消防活動과 더불어 救急救助業務에도 많은 功積을 남기셨으므로 隊長님의 그 깊고 높은 義勇奉功의 뜻을 이 牌에 담아 드립니다.

1997年 1月 29日

議政府消防署長 許誠凡

# 功 勞 牌

第974004號

二東面義勇消防隊
隊長 金 允 鎬

貴下께서는 平素 確固한 國家觀과 透徹한 愛鄕心으로 20餘年 동안 不顧家事하고 消防活動에 獻身奉仕하심으로써 郡民의 高貴한 生命과 財産保護에 남달리 기여하신 功이 至大하므로 名譽로운 退任에 즈음하여 빛나는 功積을 높이 기리고자 이 牌를 드립니다.

1997年 1月 27日

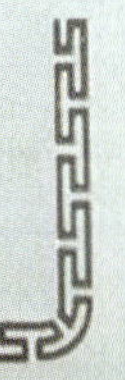

抱川郡守 李 進

제2018-179호

# 상 장

장원 일반부

운문 성 명 : 김 윤 호

귀하는 (사)한국문인협회 포천지부가 주회한 제16회 포천사랑백일장대회에서 두서와 같이 입상하였기에 이 상장을 드립니다.

2018년 11월 12일

사단법인 한국문인협회
THE KOREAN WRITERS ASSOCIATION

이사장 문 효 치

消防隊長 金 允 鎬

재 직 기 념 패
이 동 면 의 용 소 방 대
대 장 김 윤 호
대장님께서는 1970년 1월 1일부터 1997년 1월 27일까지 20여년간 이동면 의용소방대에 재직하시는 동안 남다른 봉사정신으로 소방업무에 헌신하시어 많은 공적을 남기셨습니다. 이제 명예로운 퇴임에 즈음하여 대원 일동은 그동안의 노고에 감사드리며 그 뜻을 이 패에 담아 드립니다.
1997. 1. 27
이동면 의용소방대 대원 일동

滿堂和氣生嘉祥

甲戌元旦 抱素軒主人 蓮谷 金鎔采

▲ 김용채 전 국회의원 건설교통부장관의 글씨

문학공원 산문선 55

# 꿈 같은

Your dreamy face

# 당신의 얼굴

김윤호 산문집

문학공원

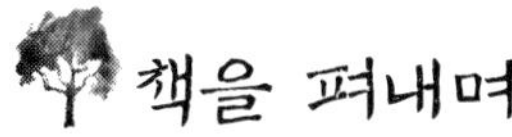

# 책을 펴내며

내가 있어 가족이 있고
나 없으면 친구도 없다
나 또한 없으면 가족 또한 멀어지고
차차 잊어지겠지
거닐던 일터며
부모님 또한 잊어지고
묘역에 가꾸어놓은 노송 또한 못 보겠지
살아있는 한 보고 싶어도 힘없어 못 보고
풀 한포기 뜯어주지 못하여
죄스러울 뿐이다

평상시 나를 아껴주던 지인들에게
작은 선물이나마 주고 싶어 책으로 보답하니
살면서 섭섭한 일 있었어도
너그러이 이해해주기 바랍니다

2020년 가을 김 윤 호

 서시

# 당신을 보내고

멀리 떠난 당신에게
무슨 말을 어찌 하리오
바람 불 때 나뭇가지 흔들리거든
나의 노랫소리로
귀담아주길 바라오
이 몸 또한 귀담아들으며
만날 때까지
기다리겠소

2020년 가을

당신의 남편 김 윤 호

<축사>

# 전쟁참화 위에 지역사회를 개척한 선배

― 최 창 근(국사편찬위원회 사료조사위원
포천향토사적연구소 소장)

같은 고향에서 앞선 세대를 살아오신 김윤호 선배께서 글짓기 공모전에 대상으로 입상한 작품과 자서전 격인 문집을 출판하신다고 하여 축하의 필을 들었다. 선배께서는 늦은 나이에 6.25전쟁 참화 속에 수복되어 신설된 이동중학교(일동중학교의 전신)에 입학하여 공부를 세 시간 하면 작업을 네 시간 하는 운동장 닦기. 계단 만들기. 교문 만들기 등 고된 수업 과정에서도 꿋꿋한 기상으로 학업에 정진하여 영어 수학은 단연히 우수하였고 졸업 당시에는 후배들이 번듯한 교문으로 등하교를 하고 계단에서 사진 촬영을 하고 운동장에서는 축구를 할 정도의 학교 면모를 갖추어 놓고 졸업을 하게 되었다.

6.25 동란을 겪은 세대 중에 고생을 하지 않은 세

대는 없다고 하지만 선배처럼 15세에서 17세 사이에 전쟁을 겪었으니 그 고생은 필설로 다 표현할 수 없을 정도로 극심하였다. 전선은 남쪽에 내려가 있다고 하지만 점령군의 치안유지 병력과 후퇴하지 못한 아군 병력과 자생 방위대원이 합동한 격전은 매일 치열하였다. 38도선 부근이 누대를 살아오고 성장한 곳이라 그 참상은 상상을 초월하였다. 주청야홍(晝靑夜洪)이라 하여 낮에는 경비대, 치안대에 태극기가 걸리고 밤에는 인공기가 걸린다는 주야로 주인과 주권이 바뀔 정도로 공방이 치열한 곳이었다. 노송 선배도 처음엔 전쟁 전 금강산 근처까지 소개되었다가 9.28수복 후 1.4후퇴 때 아버님을 잃고 15세에 전쟁고아가 되어 고향 근처를 헤매다가 정보를 얻으려는 인민군에 잡혀가 고문을 당하고, 다음 날은 아군에 끌려가 정보를 얻어내려고 때리고 고문을 하여 귀까지 먹었다고 한다. 이 내용은 『포천의 근현대 구술사』 증언자로 2018년 12월 16일 장장 4시간을 녹화하고 끝나면서 위의 내용은 차마 내 입으로 말을 할 수 없었다고 눈시울을 붉히던 모습이 떠오른다.

군을 제대하고는 이동 장암리에 터를 잡고 장사를 시작하였다. 쌀과 연탄이 주 종목으로 관의 통제 하에

판매소 지정허가를 받아야 할 수 있는 장사였다.

생업에 전력을 하면서 6.25전에 이동면 지역에 살면서 초 중 학교를 다니던 친구들이 주축이 되어 쌀 세말 씩 가입비를 내고 애향회원을 80명에 달하도록 회원을 모집하여 10년 이상 회장을 맡아 회원 간의 친목 유대와 즐겁고 재미 있는 친목계를 만들어 참여하고 싶은 친목계로 발전시키셨다.

이름만 있던 이동면 의용소방대가 재편되면서 의용소방대장에 추대되어 이동면 상인회원과 애향회원 중 적령자 40여명을 대거 영입하여 끈끈한 유대감이 있는 소방대, 친화감이 있는 소방대로 발전시키어 최장수 의용소방대장 최고의 치적이 있는 소방대장이라하여 군수, 도지사, 내무장관의 표창을 받는 영광도 있었다. 이는 모두 회원을 가족이나 형제 같이 돌봐 주고 매년 결산 보고를 투명하게 하고 정기적인 야유회와 선진문화 답사로 회원들의 사기를 고양시킨 결과이다. 지역에서 기관장 대우를 받는 의용소방대장이며 방위협의회 위원직을 수행하면서 골목골목 연탄과 쌀을 배달하며 어르신을 만나면 깍듯이 인사를 올리고 안부를 물으며 틈이 나는 대로 때와 장소를 가리지 않고 술2대접을 하기도 하여, 회원과 대원 동료 방위협의회 위원에게 선배와 어른을 공경하는 수범을 보이기도 하였다.

빗나가고 타락하기 쉬운 환경에서도 집안을 일으키고 자녀를 훌륭하게 기워낸 바탕은 품위 있는 가계(家系)의 영향이 큰 것으로 짐작이 된다. 김윤호(金允鎬) 선배는 신라 경순왕의 후손 김수[金需 고려 때 시중(侍中)를 시조로 상산김씨(商山金氏 또는 상주김씨)로 본관을 받아 상서공(尙書公)파의 29대손으로 호(鎬)자 항열을 쓰고 있다. 조선조에도 76명의 과거 합격자를 배출하여 좌의정 판서 지방관을 역임하셨던 조상님들의 음덕이라고 생각케 한다.

혈기 왕성한 장년층에서도 책을 펴낸다는 것이 엄두에 나지 않는 일인데 90세를 목전에 둔 선배께서 책을 내신다니 지역적으로도 축하할 일이고 경하할 일이다.

앞으로도 건강에 더욱 조심하시어 가정과 지역사회에 더 큰 공헌을 하시기 기원드리며 축하의 말씀을 올립니다.

2020년 중추가절에

<서문>

# 지역사회봉사와 아내 향한 눈물겨운 사랑

– 김 순 진 (문학평론가

고려대 평생교육원 교수)

지난 봄, 평소에 존경하던 포천향토사연구소 최창근 소장님께서 전화를 하셨다. 포천 이동에 책을 내실 분이 있는데 한 번 가뵈라는 전화였다. 최창근 소장님은 평생 공직에 몸 바친 분으로 이동면사무소에서 오래 근무하셨다. 내가 소년시절엔 우리 마을 연곡4리를 담당하셔서 그때부터 뵈온 분이다. 하여 김윤호 선생 댁을 방문하니 아버지와 익히 친하게 지내셨고, 우리 동네 제비울의 김제문, 민병현 어른 등과도 동창이시며, 우리 서울작은아버지 김기헌 어른, 돌아가신 매바위 권희성 어른 등과도 돈독한 친구이시다.

김윤호 선생의 댁을 방문하니 고향에서 오랫동안 개인사업을 하시면서 이동면의용소방대장, 이동면애향회 회장 등을 맡아 고향을 위해 일을 많이 하신 분이란 걸 알게 되었고, 선생의 아드님이신 김진원 님도 총동문회 회장을 맡아 수고하고 있어, 부자가 모두 우리 고향 이동을 위해 애쓰시는 훌륭한 가문이라는 걸 알 수 있었다.

나는 김윤호 선생께서 내미시는 원고뭉치를 받아들고 과연 이 원고들이 책으로 만들 만한 가치가 있을까 의구심을 가졌었다. 왜냐하면 원고들은 대부분 찢어진 달력이나 전단지 이면 등에 쓰여 있었고, 금전출납부 등에 쓰여진 그의 일기는 정말 알아보기 힘든 글씨체로 쓰여 있어서 타이핑을 하는 알바생이 무진 애를 먹었다.

알바생으로부터 원고를 넘겨 받은 나는 원고를 읽으며 깜짝 놀라게 되었다. 그는 포천문인협회에서 주관한 포천사랑백일장에서 장원을 한 이력으로 한국문인협회 문효치 이사장의 상을 받은 대단한 실력가였고, 그의 시나 일기문들은 나름의 전개방식과 고사성어, 그리고 철학과 특유의 시적 안목이 들어있었다. 그리고 그 글의 대부분들은 먼저 떠난 아내를 그리워하는 글, 즉 사부곡(思婦曲)이었다. 이에 나는 편집방향을 "望 90 촌로의 사부곡(思婦曲)"이란 데 기준을 잡고, 아내에게 쓰는 편지 형식으로 전환해 내놓게 되었다.

이 책은 크게 세 부분으로 편집되었다. 첫 번째는 화보인데 김윤호 선생의 부모님과 사모님, 그리고 가족들의 사진을 전면에 배치하였고, 다음에는 김윤호 선생께서 살아오신 길을 조금이나마 재조명하고 싶어 그의 상장과 임명장 등을 편집하였다. 두 번째는 그의 시이다. 그의 시는 앞서 말한 바와 같이 한국문인협회 이사장상을 받을 만큼 완성도가 높은 시였다. 세 번째로는 그가 써온 일기다. 그가 필자에게 내민 일기의 양은 지금 책으로 내는 것의 두 배가량 많은데, 문학성 위주로 편집했음으로 많은 부분을 생략하였음을 밝힌다.

그의 아버지 감가붕(金基豊) 선생은 1907년 경기도 영평군 동면 매마을 563번지에 할아버지 김용준(金容俊. 1875. 6. 30~ 1947. 12. 18)씨와 할머니 정의순(정의순 1876. 11. 22~1942. 6. 5) 여사의 둘째 아들로 태어나시었다. 그 후 전주이씨 영천대군파 이시영 씨의 손녀인 어머니 이해진 여사와 결혼해 1남 1녀의 아이를 두었으니 그 아들이 김윤호 선생이다.

그의 아버지는 해방 후 이동면이 38선 이북이었던 관계로 이북정치의 참혹한 학대로 평안북도 순천군 신창 노무자 수용소에서 교도생활 중 6.25가 터져 수천 명을 살생하는 와중에도 단 5명의 생존자만이 생존했다고 한다.

김윤호 선생이 15살 때 6.25남침 전쟁이 터졌다. 새벽이 되어 시끄러운 소리에 일어나니 동리(매바위) 사람들이 웅성거리고 빨래터에는 이미 전투 현황판이 걸려있고, 북에서 남을 해방시키기 위해서 전쟁이 시작되었다는 소식을 들었다고 한다. 6.25전쟁을 남침이니 북침이니 아직도 논쟁하는 것에 대하여 김윤호 선생은 이 책 내용에서 내가 두 눈으로 똑똑히 보았다면서 증인을 서고 있다.

김윤호 어르신은 내 고향 포천시 이동면에서 나고 자라신 우리 아버지의 연배의 어른이시다. 김윤호 선생은 평생 고향을 위해 사셨고 자식을 위해 사셨다. 단 한 번도 외지로 나가서 살아보지 않은 순수 토박이시다. 이동면의용소방대장, 이동면애향회 회장 등 그가 하신 일을 보면 그가 얼마나 고장을 위해 애쓰셨는지 알 수 있다. 그가 그렇게 큰일을 할 수 있었던 밑바탕에는 사모님의 내조가 크셨다. 그래서 지금은 하늘나라로 가고 없는 사모님을 위하여 이 책을 쓰신다. 가족들이 잘 되기를 바라며 쓴 이 책은 구구절절이 가슴을 저미어 하늘도 감동할 것 같다.

김윤호 어르신의 책을 만나니 7년 전에 돌아가신 아버지가 몹시 그리워진다. 아버지는 젊은 나이 44세에 어머니를 저 세상으로 떠나보내고 울음으로 한 세월을 사셨는데, 어찌 보면 몇 년 전 사모님을 먼저 저 세상으로 보내신 김윤호 선생의 마음이 아버지 마음이었을 것 같아서 김윤호 어르신의 글에 더욱 공감이 간다. 아버지를 몹시 그리워하는 나는 아버지를 뵌 듯 김윤호 어르신을 뵙는다.

김윤호 어르신! 존경하고 사랑합니다. 그 어려운 시절을 극복하시며 저희들 가르치고 기르시느라 수고 많이 하셨습니다. 아버지를 대신해서 고맙다는 인사를 드립니다. 오래오래 건강하세요. 문집 발간을 진심으로 축하드립니다.

## 차례



## 1부 시

## 2부 수필

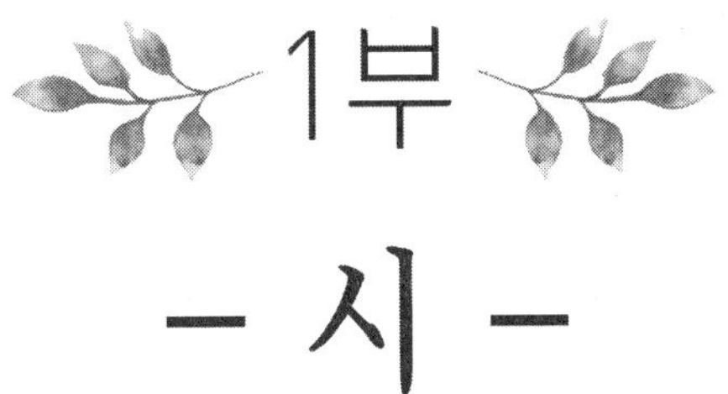

# 1부

## - 시 -

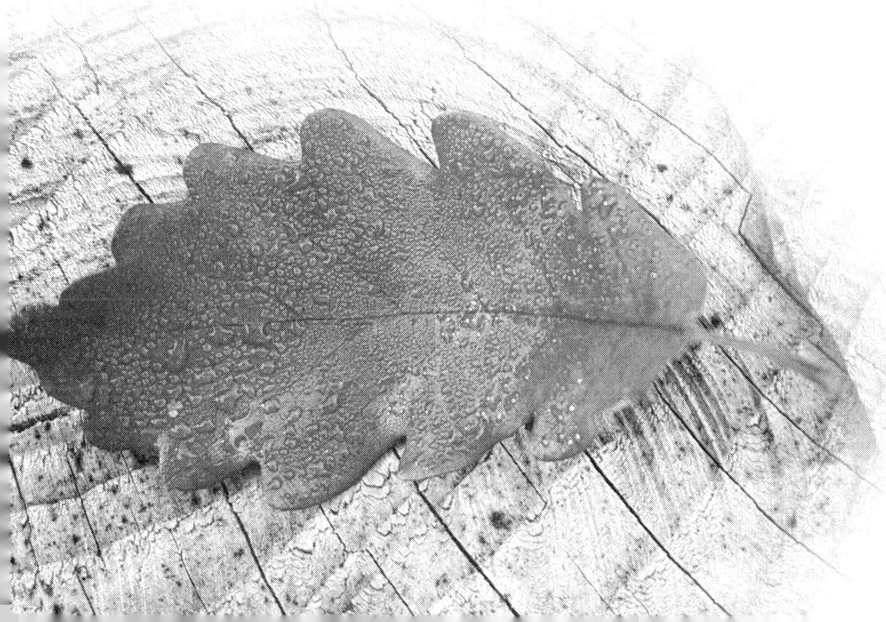

# 달아, 너는 알리라

술 한 잔 기울일 때
창으로 비추는 달아
너는 알리라 나의 마음을
그 누구도 나의 안타까운
심정 알랴 어느 불효자가
참으로 안타까운 인생
저 달빛에 기대어
무엇을 생각하랴
흘러간 세월 힘겨워
눈물 흘리던 세월
아, 아 안타까워라
넘어가는 저 달아
너는 알리라

# 국망봉에 오르니

국망봉 오르니 북은 가리봉
동은 사내면 서남은 가평 현리
서는 사향산 그 가운데 영편천
중간은 이동 장암리 나 여기 태어나
人生 팔십 되도록 무엇 하나
내놓을 것 없이 오늘에 이르니
부끄러울 뿐이다 나의 조상이
여기 뼈를 묻었으니 이 몸 역시
할아버지 할머니 아버지 모신
묘역 정리해서
선영 옆으로 가야하지
때가 되면
그때가 어느 때가 될까 의문이다

# 초가을 달

하늘에 떠있는 달은
좋은 사람도 비추어주고
나쁜 사람도 비추어 주는데
인간으로 태어나 저 달 아래
그 누가 떳떳하리
나 또한 그렇고
너 또한 그렇거늘
무엇이 잘나 거리를 활보하나
부끄러운 것이 인생이거늘
그 누구를 탓하며
그 누구를 원망하랴
다 내 탓이고 나의 죄인 것을
이제라도 남은 인생 속죄하며
살아야하지 남은 인생을

# 삼강오륜을 어디서 찾을까

잘잘못은 없고 힘의 세상이다
알면 얼마나 아나
당신보다는 잘 안다
미안하다
이것 역시 업보이거늘
그 누가 막으랴
나이는 법에 없는 세상
그저 젊음이면 제일인줄 아는 세상
어찌 늙으면 젊은이에게 밀려
세상이 어찌 늙은이의 지옥이 아니냐
힘이 앞서는 세상을 어찌 막으랴
삼강오륜을 어디서 찾고
무슨 말을 할까

# 말띠 해를 보내며

슬프고 눈물로 보낸 세월 한두 번 아니었고
가까운 지이들의 도움에 감사한다
참으로 나의 생에서
후회와 삶의 보람
젊었던 시절은 열심히 일하고
자식 키워서 출가시켜
손자 손녀 9명에 이르고
자식 하나 잃어버리고
아내마저 천국에 한줌의 재가 되었으니
나의 슬픔과 죄 또한 크지 않으랴
다 내 탓이로다
책임 또한 소홀히 해 여기에 이르니
이제 내가 최후통첩 겸 부탁에 이르니
이 또한 슬프다
모든 것이 눈 녹듯 끝나는 줄 알았는데
나 여기 이르노니
나의 갈 길은 내가 정한다

# 말 한마디도 내게 되돌아와

뜨는 해는 가리지 못하고
새해의 아침 해는 떴는데
어쩐지 마음 한구석에
섭섭하고 아쉬운 점 또한 많으니
금년의 흐름에 걱정이 앞선다
바람이야 불면 다시 잔잔해지고
파도 또한 거세면 잔잔해지듯
사람이 살아가는 것 또한 그러하니
순리대로 살고
말 한마디도 반듯이 내게 되돌아옴을 알라

# 보답하는 마음

떠나는 인생에
미련이 있으련만
그래도 못 잊어
울고 있구나
슬퍼 말고
꿈꾸며 살아
보답하는 마음
어찌 아름답다 아니하랴
후세에 만난다면
웃으며 한 잔 합시다

# 인생

인생이 무엇이더냐
태어나서 잠시 머문다
가는 곳이 인생인데
내 무엇이 안타까워
마음이 이리 급할까
가는 곳은 한 곳뿐
가야지 가야해
내가 태어난 내 땅으로
어버이가 기다리는 그 땅

# 불효자

불효자는 불효자이지
운다고 부모님이 아나
웃는다고 아나
그저 늦었으니 죄스럽고
안타깝고 괴로울 뿐이야
하늘을 보며 웃으며
땅을 밟으며 슬퍼하라
불효자는 아무렇게 해도
불효자일 뿐이다

# 너그럽게 살자

인생이 무엇이냐고
사는 것이 무엇이냐 물으신다면
눈물의 씨앗이라고
누가 말했던가
서로 이해관계 따지고
헐뜯으며 사는 인생
산짐승이나 무엇이 다르랴
그러지 말고
너그럽게 살리라

# 어느 날 저녁

아 아쉬운 밤이구나
어제는 가고 오늘 새벽 2시인데
왜 이리 마음 아파하나
세월이 나에게 원수 같구나
이리 가도 그 길
저리 가도 그 길인데
왜 이리 멀단 말이냐
세월아 야속하구나

# 그래도 살아야지

몸도 아프고
마음도 아픈 아침마다
숨을 쉬니 살아있나
거동조차 불편한 몸을 이끌고
나가보니 갈 길도 없고
가자니 기력도 없는데
어디서 들려오는 소리는
나의 마음마저
서글프게 하노라
오늘이 원수 같건만
그래도 숨 멎을 때까지
살아야 하지

# 썩은 유월

세월이야 어찌 못하고 흘러흘러
꽃 피고 푸르른데
나한테는 썩은 유월이구나
아버지 돌아가시고
역시 명예로운 군생활도 끝이 나고
한갓 희망을 가지고 살아보려고
애써도 보았고
노력도 하였으니
이제 와서 보니 모든 것이
헛소리일 뿐이고 미련뿐이다
아니꼽고 더러운 세월 언제 끝이 날까

# 편한 곳

가도 가도 거기인데
어디로 간다고 편하랴
여기는 여기이고 그곳은 그곳인데
어디에 간들 편하고 낙원이 있는가
태어나고 자란 곳이 이곳이고
한평생 이곳의 물과 공기를 마시고
80이 훨씬 넘어만 가는데
어디로 간단 말인가
갈 곳이야 이미 정해져 있는데
앞으로 그곳이라 편하다
누가 생각하려
안타까운 하소연일 뿐
누가 내 마음 안다는 사람 있으면
말 좀 해다오

# 한가위 소묘

옆집 사람들은
팔월한가위라 즐거운 모양인데
나에게는 하나의 추억에 불과하다
마음마저 비어있고
몸마저 보잘 것 없이 야위었으니
어디에다 하소연하리
인생은 흐르는 시냇물이라
그리 가는 대로
흐르는 대로
갈 데까지 가야지

# 나는 부자다

걸어가는 곳이
내 땅이고

앉아있는 곳 또한
내 의자이고

누워있는 곳이
내 집인데

무엇이 모자란단 말이냐
나는 부자다

# 나의 바램

한 많고 꿈 또한 많은 인생에
또 한 살 더하는
그늘의 하루가 지나가니
덧없이 지나온 세월
마음 아프다
세월 따라 가는 것도 인생이고
오는 세월 기다리는 것도 인생인데
오는 세월 가는 세월
그 누가 막으랴
남은 인생이나마 뜻 있게 살아
가족과 만인에 보답하리라

# 배움

아이들은 자라면서 배운다
이 몸 역시 어릴 적 생각하고
80을 살았는데
이제 생각하니
모든 만물은 환경의 지배를 받는구나
주위 환경에 따라 연구검토해서
자기 갈 길을
스스로 터득해야 한다

# 대보름달

쳐다보기에도
둥글고 밝은 달빛
우리 집 손자 손녀 같은
둥근 얼굴 아름다워라
만인이 우러러보며
명과 복을 비오니
금년에 열심히 공부해서
가문을 빛내주어라

# 어느 날

어미가 없으니 자식들도 멀어지고
집에 오는 것조차 즐겨하지 않고
그저 때에 따라 오는 것
어쩔 수 없어 오는 그들의 마음
홀로 있는 어버이로서
무엇을 생각할까
부끄럽고 안타까운 아버지들 마음이야
어머니나 다름없건만
어찌 마음의 고생이 없으며
인생을 걸어오면서 생각하고 느끼고
듣고 느끼는 마음
누가 알리
그저 그리 생각만 할 뿐이다

# 승자의 원리

그 누가 말했던가
해는 지는데 갈 길은 멀다고
인생의 운명은 환경이 지배하고
환경과 어울려 무엇을 만들겠다는
희망이 그 사람의 생을 좌우한다
이 말도 이제는 옛 글씨에 불과하고
아이들 세대는 무엇을 개척하고
무엇을 어떻게 변화시켜
잘 적응하는 사람이
승자가 될 것이다

## 세상을 떠날 때

아, 그 사람이 죽었대
술을 좋아하더니
술 때문에 죽었지
참 안타까운 일이지
좋은 사람인데
나도 이제 자네 말과 같이
얼마 못 살 것 같아
나는 언제 가지

친구도 술 좀 덜 마셔
뭐 자네나 좀 덜 마셔
나보다 오래 살아야 하지
자식이 어리잖아
내가 먼저 가야 자네가 슬퍼해주지
누가 슬퍼해주겠나

## 효는 마음이다

흔히 말하기 좋으니
효자 효녀라 하는데
과연 효(孝)자 글씨 그 자체가
아이러니하다
부모를 업어주는 자식의 형상을 한 글자
누가 나를 업어주겠는가
과연 효에 대해서 이야기를 행한다면
부모가 있어 효를 행할 수 있고
없으면 묘라도 잘 보전함이 효다
그렇다면 살아생전에 조식공양 잘 해드리고
마음 걱정 없이 지내야 하는데
이 또한 요건이 맞아야 하지
어쩔 수 없는 생존경쟁에서
어찌 해야 한다 이 말이야
나는 효는 마음이고
스스로 깨달아 함이라 생각한다

# 길

죽는 것 또한 복이고
사는 것 또한 복이지
사람 따라 다르리
남이 무슨 말을 한다고
자신을 원망마라
나름대로 길이 있겠지
그저 남의 말일 뿐
움직이고 노력해
극복하면
길이 있을 것이다

# 백설 같은 눈

창밖에 나리는 백설 같은 눈은
나의 마음을 아프게 한다
수 년 전 정들고 마음 같이 한
성루대병원에도 눈이 쌓이고
드디어 세상에 그리던 친구의
마지막 수술을 끝내고
희망도 없는 한 가닥을 기다려야 하는 운명
드디어 나의 결정에 의해 퇴원
이날도 눈이 나렸지
포천의료원 떠나는 날 마지막 울부짖음에
끝내 세상을 떠나고 어언 5년
변한 것은 한 가지뿐
내 인생이 이렇게 무너지고
허탈한 심정
살길이 얼마인지 알지 못하고 지내는
인생의 슬픈 이야기일 뿐

# 창밖 백설은 여전한데

인생은 가고 없는데
창밖 백설은 여전하구나
허구한 인생이 옛 생각에 잠기니
덧없는 인간의 옛 생각에
지나간 추억을 어찌 잊으리
아아, 한 인간의 넋두리
참으로 가고 없는 당신의 넋
어찌 잊으랴

# 헛소리

세월은 가고 해는 바뀌어도
달과 해는 뜨고 지는데
인간은 한 번 가면 못 보니 안타깝도다
꿈에서라도 보면 반가운데
살아서 다시 본다면 어찌 반갑지 않으랴
단 한번만이라도 만나서
지나온 이야기 한 번 나누어보면
얼마나 좋으련만
가슴 아파한들 무슨 소용이 있으랴
부질없는 헛소리인데

# 주인 없는 방

주인도 없는 이방에
내가 왜 왔는가
언제 왔는가
아마 50년이 넘어
80년엔가
아니면 얼마인지 모르나
방에 이사 오려나
어찌 생각도 없을까
나의 친구 어디가고
왜 나 홀로 있나
세월이여 알려다오

# 콩대를 태우며

콩대를 태운다
얻어온 콩 한 알 논두렁에 심었네
주렁주렁 열린 콩을 수확해
콩을 따로 담고
콩대를 태운다
같은 뿌리에서 자란 것에게
어떤 것은 방으로 들이고
어떤 것은 태우니
티격태격 끌이고 끓고
웬 말인가

# 새소리를 들으며

때는 초봄이라
온갖 새들이 짝 찾는 소리
아름답구나
노령의 할배도
그런 시절이 있었건만
그리워 찾던 그 짝은 어디가고
나 홀로 들녘을 거닌다
마음마저 허전하고
옛 사랑의 연인이 그립구나

# 가을 가고 겨울 오니

인간이나 삼라만상의 생명체는
서로의 양식과 종자의 번식을 위해
온갖 준비에 바쁘다
인간은 인간대로 동물은 동물대로
식물 또한 같구나
겨울잠에서 깨어나는 동물과 식물
인간은 나름대로 농사준비에 바쁘다
온갖 식물은 잠에서 깨오나 싹을 티우고
동물은 각자 후대의 번식을 위해
자기가 맡은 바 할 일을 다한다
어느덧 어디선가 남풍일 불면
신록의 5월이 오고
대지는 힘의 근원인 아지랑이 너울대고
대지에 힘이 넘쳐흐른다
오곡 곡식이 자라고
들녘 버드나무 매미소리 구슬프니
씨앗의 열매 무르익고

매미소리 그치니 온갖 곡식이 무르익고
낙엽이 한 잎 두 잎 떨어지니
농부나 모든 동식물은 겨울준비에 바빠진다

# 칭찬 받는 며느리

당신이 너래 같이 누워있는 돌과 나를 사랑한다면
나는 푸른 갈대가 되어
영원히 부러지지 않는 갈대가 되어
당신 옆에 쭈그리고 앉고 서 있으리다

어느 중국 고사에 나오는 한 구절이다
펜을 든 이 몸은 표현력도 부족하고
말솜씨조차 없어 일생을 보내다 보니
아쉬운 점 무엇으로 표현하리오만
모든 것을 잃은 이 마당에
후회한들 무엇 하랴

나에게는 뭇사람들에게 칭찬 받는 며느리를 두었는데
이 몸이 무엇을 걱정하랴
나의 생은 얼마 남지 않았거늘
무엇을 생각하랴
그래도 오늘의 마음이 매우 즐겁구나

# 내 탓

남의 탓 하지 말고 나를 생각함이 옳은데
왜 사람들은 남의 일에 끼어들어 고생을 하는지
내가 없으면 세상이 없어진다
세상이 없어지면
금은보화도 아무 소용이 없다
몸은 하나뿐인데 할 일은 많다
세상을 살다 보니
그 누가 나를 위하여
말 한마디 해주면 좋으련만
 바라보고만 있을 뿐
이 어찌 안타깝다고 하지 않으리
지구가 돌고 있는 한 병원이 변치도 않고
그리 지내겠지

# 하얀 세상

오랜만에 창문을 열고 사방을 보니
국망봉 하 산에는 백설이 만연하고
들에는 백설이 휘날리니
촌로의 마음 서글프구나
옛날 같으면 즐겨야할 첫눈인데
오늘따라 마음이 괴롭구나
내 어찌 이 하얀 세상 홀로 지낼지
머릿속이 하얘지며
마음의 걱정만 더하구나
술 한 잔에 옛일을 생각하고
모든 것이 덧없는 넋누리인 걸
흘러간 세월에 열심히 일하고 베풀었건만
이제 남은 일은
흙이 될 것을 기다리는 일뿐

# 내 고향 이동면

내려 보니 그 유명한 갈빗집 아래
이동면 장암6리 마을
산세 좋고 물 좋은 이동면
중학교 초등학교 면사무소 길 따라
시장 이루고

나 태어나
86년 살던 곳
이곳에 이르니
마음도 몸도 감사뿐이로다

# 영평천(永平川)을 바라보며

송사리 떼 군무를 이루고
바위마다 붙어있는 다슬기는
무엇을 생각하는지
멀리서 날아온 물새
개울에 몸을 적시고
목욕한 후 물 한 모금
입에 넣고
어디로 날아가는구나

# 소나무

첩첩산중
한 그루 외로운 노송
산속에 이웃이 있어
즐거운 세월 수십 년
겨울이 오면 낙엽을 이불 삼아
추위를 달래고
봄이 오면 꽃을 피워 자손을 늘리고
가을이면 나무뿌리는
봉양을 만들고
송이버섯은 인간의 즐기는
최고의 식재료가 되니
그 어찌 푸른 보배라 아니하리

# 입춘을 기다리는 마음

무정한 달은 지고
이틀 째 해가 떴다
가는 세월 잡지 못하고
오는 백발 못 붙들고
여기 왔으니
갈 길은 알면서도
마음대로 못 가지 답답하구나
오늘도 해는 서산에 넘어가고
내일 또 하루가 시작되겠지
아직 소한 대한 다 남고
아직도 이십일 남은 입춘까지
어찌 기다리지

# 가는 세월

잡지 못하고 오는 세월
막지 못해 인생 팔십 중반
가는 길에 무슨 말 있으련만

식물은 태양을 머금고
살고 지내는데
잡지 못해 떠나는 저 해
원망한들 무엇하랴
나의 갈 길이 멀지 않은데

# 아이들 오는 날

드디어 오늘 해도 서산에 지고
달이 뜨니
아이들이 오나 생각에
마음 졸인다
본인이야 냉정리 막국수집에 가
막국수 먹고
장암5리 마을회관에서 놀다
저녁은 먹은 형편인데
아이들이 오면 이야기 나눌
몇 시간의 기회가 있음이다
빨리 보고 싶구나

# 좋은 종자라도 노력을 들여야

인간이나 씨앗이나
종자 따라 나오고
가꾸는 대로 거두어들이는데
무슨 걱정을 하리
정당한 거름
시기에 맞추어 잡초 뽑아주면서
노력을 들여야
좋은 열매를 수확하는데
이 아니 하고
씨앗만 나무라는구나

# 비 오는 저녁

바람 부니
나뭇가지 흔들리고
구름 따라
하늘에서 쏟아 붓는 비
대지 적시고
나리는 빗물은
어디로 가는지
끝없이 어디로 흘러가는지

# 자연인으로 살자

긴 밤 나린 비
농민의 마음을 즐겁게 해주고
온갖 생물은 생기가 돋아나는
아름다운 보배의 비였다
이는 인간이 어찌 할 수 없는 일
자연에 매여 사는 인간의 마음
즐겁고 기쁘게 해주니
이 어찌 하늘에 감사하지 않으리
예로부터 하늘은 스스로 돕는 자를 도와준다 했는데
이제 인간도 하늘만 쳐다보지 말고
스스로 갈 길을 찾아 해보았건만
이 어찌 자연의 섭리를 저버리며
급하면 하나님 어머니 찾지 말고
스스로 깨달아 인간에 전하고
봄 여름 가을 겨울 하늘과 자연에 감사고
너그러이 자연인으로 살아갑시다

# 사월초파일

산사에서 들여오는 범종소리는
나의 마음을 정화시킨다
옹기종기 모여든 신도들의 마음
나름대로 빌고 빌며
부처님의 은덕을 바라며
망인의 좋은 곳 찾아가고
자식들과 자신의 건강과 하는 일이
잘되라 빈다

# 봄비는 한 방울씩 떨어지고

세월은 빨라 춘삼월도 지나고
본디 농부는
4월의 심을 농작물 씨앗 준비해야 하는데
아무것도 없는 빈 손
어떻게 채워야할지 걱정이 앞선다
아침 봄비는 한 방울씩 떨어지고
오늘의 일과는 어찌될지
생각해보아야 답이 나온다
누가 부르면 가고 아니면 볼이나 치러 가야겠다
시간 보아 아이들에게 전화나 할까 하오
오후에 밭에 가보니
할 수도 안 할 수도 없는 안타까울 뿐
마음은 전과 같은데 몸이 안 들으니
할 수도 안 할 수도 없는 형편이네

# 눈

이월 어느 날
아침에 깨어보니
화분 위 하얀 눈
호복이 쌓인 눈
마지막 눈
하늘이 내린 꽃
내년에도 내가
이 아름다운 눈을 볼 수 있을까
또 보면 좋으련만

# 들국화 한 송이

들녘에 핀 들국화는
봄이 되면 싹이 트고
가을이 되어야 꽃이 피네
꽃도 후일을 생각하는데
나는 인간으로 태어나
후일을 생각지 못하고
무엇을 했나
젊어서 허송세월하니
나이 먹고 후회해도
나라에 짐이 되고
애달픈 하루하루가
길기만 하누나
한 포기 들국화가 부러운
오늘이다

# 庚子年이 밝았다

계절 따라 만물이 자고 일어나
자기 할 일을 하는데
사람이 무엇을 하면서 살까
무엇을 할까 망설이자 말고
도전해서 희망을 만들어야 희망이다
경자년 해는 떴는데
이 몸 역시 전과 같이
생을 맞을까 한다
역시 송충이는 솔잎을 먹어야지
그저 친구들과 잘 떠들며
가족과 화합하고
행복한 한 해를 맞아야지

# 세월 따라

어여쁘게 핀 꽃도
언제인가 지겠지
모여 모여 고인 물은
어디론가 가겠지
내 인생도 언제인가
세월 따라 지고
산새 울고 매미 울던
세월 또한
어느덧 계절 따라
어디론가 가겠지

# 어버이날에

어머니 없는 아버지는 쓸쓸하구나
아침에 일어나 할 일 없는 늙으니
고추 화분에 불ㅈ부고
산책길 돌고 돌아오니
역시 할 일 없는 늙으니
옛 지인이 있던 산사에 들러
불효의 죄 그리며
부처님에게 어린 자식들 잘 되고
명을 달리한 분들의 영원한 안식을 빈다
영원한 안식처는
마음 비우고 자만하지 말고
배려하는 자의 마음뿐이라
좋은 일 하며 겸허히 살리라

# 당신 없는 하늘

여보, 내가 왜 이러나 모르겠소.
당신이 떠난 뒤 중심 없이 흔들린 세월이오
내가 살날이 얼마나 된다고 이러는지 모르겠소
참 안타까운 일이오
모든 일은 순리대로 따라야 하는데
그조차도 못하는 마음 안타까울 뿐이오
후일 아이들이 생각하겠지
그저 착잡할 뿐
할 말이 없소

# 우리 집

앞은 사향산이고
뒤에는 위엄도 높은 국망봉
뒤뜰은 영평천 흐르고
남쪽은 매바위산
이 어찌 아름답다 아니하랴
내 집에서 60년
아들딸 사남매
손자손녀 십 남매
아름다운 우리 집
자식들도 대학을 무난히 마치고
결혼도 무난히 하고
돈도 잘 벌면서
남부러울 것 없이 잘 살고 있다
하나 부러움이 있다면
먼저 간 아내가
궂은 일 힘든 일 어려운 일한
내조의 공이 가슴에 응어리 되고 한이 되어

온갖 사지가 찢어지는 듯
눈물이 앞을 가린다
후에 만나면 잘못을 빌겠소

# 어느 가을

초가을 버드나무에
매미는 열심히 노래하며 흥겨운데
한쪽에 사마귀는
노랫소리 즐기며
매미를 먹을 생각만 하고 있으니
약육강식의 세상이라지만
죽을 때 죽더라도
나는 노래하리라

# 나그네

너울지는 마루에 홀로 앉아있는 나그네야
무엇을 생각하고 앉아있느냐
멀리 가버린 옛날을 생각하느냐
안타까운 그 사람은 안 오는 줄 알면서
왜 멀쩡히 기다린단 말이냐
이제라도 마음 잡아 열심히 살지
누구나 다 겪어야 할 인생의 일인데
그리 안타까워한단 말인가
세월 가면 인생도 가고
마음도 변하는데
매일 그리워한들 무엇 하며 고민한들 무엇 하리
지나온 세월이 주마등 같이 떠오르고
한낱 풀벌레도 밤이 되면 찾아오는데
한번 떠난 사람은 영원히 볼 길이 없구나

# 기약 없는 먼 길

쓸 데 없는 세월에 허공에 뜬 구름아
내일의 기약 없는 먼 길을 떠나려 하느냐
멀리서 바라보는 늙은 촌부의 마음
어찌 알리만 그래도 너는 아는 것이
있을 터인데 왜 말 한 마디 없이
두둥실 흘러 가냐
가다가 좋은 골목 있으면
나 또한 데려가면 어떠랴
두둥실 떠가는 구름아

# 장날에 기대어

오늘은 이동장날이오
내가 무엇을 사고
무엇을 먹어야 할지 생각을 해보오
살기 위해 먹고
먹고 보니 하루 살고
이것이 희망과 미련 없는
늙은 사람의 그날의 일과라오
할 일이 없을 것 같으면
지구를 떠나야지 생각하지만
떠나자니 그 또한 쉽지 않소
오늘도 똑같은 일이 반복되고 외로움에 지쳐
마을 방이나 헤매고
누가 부르지나 않을까 하는 마음
누구에게 의지해야 하고
어린 아이들 모양 따라다니는
인생이 한없이 부끄럽구려

# 보이지 않는 길

가도 가도 보이지 않는 길
어디를 보고 가야 하나
외로움과 괴로움을 버리고
떠나야 할 길이
어디기에 이리 길단 말이야
나는 나대로
세월은 세월대로 가니
이 어찌 외롭고 슬프지 않으랴

# 2부

## - 수필 -

# 2014년 마지막 날

오늘도 온다던 약속한 배관기술자는 오지 않고 전화 또한 불통이오.

오늘도 게이트볼 장에 들렀소. 매우 착잡한 하루라오.

물론 나에게는 주어진 운명이고 신의 마지막 기회인 것 같소. 목숨이 붙어 있는 한 열심히 살아야지. 저녁에는 망년회 겸해서 술 한 잔 하고 5시 40분 전에 집으로 왔소. 집에 와도 기다리는 사람이 없는 집이지만 미래를 위해 열심히 살아야하지 하는 생각을 해보오.

앞으로의 나의 생활, 신년이 문제가 될 것 같소. 2014년 12월 31일 저녁 6시! 12시가 넘으면 신년이고 나 또한 부질없는 인생의 한 해의 처음이 되는구려.

모든 것이 순조롭게 자식들의 건강과 좋은 해가 되기를 아버지로서 소원을 빌어서 축원하오.

작은 며느리, 연우 등이 전화를 했소. 아이들이 꾸

밉없이 자라 줘서 고맙구려. 앞으로도 몸 건강하고 할아버지가 바라는 참된 사람이 되기를 바라오. 항상 마음 아프고 괴로운 심성 어찌 말하랴만 2015년에도 씩씩하고 건강해서 국가와 가정을 위하는 튼튼한 일꾼이 되기를 바랄 뿐이오.

다사다난했던 해는 지나고 동녘하늘에 해는 뜨고 새해가 시작되고 금년의 삶과 생을 어떻게 살까 머리에 떠올릴 뿐 아무 생각도 없다.

어떻게 사는 동안 남에게 신세 안 지고 생을 마무리할 수 있을까? 걱정이 앞을 가로막을 뿐이다. 그저 사는 대로 살다가 가야할 뿐이다. 오늘은 지인들과 술이나 한 잔 하고 지낼 생각인데 어디서 할지는 생각해 봐야지!

## 당신이 포천병원에 온 지 이틀째 되는 날

날씨는 추웠다 풀렸다를 반복하고 변덕을 떠는구려. 이 또한 인간과 뭐 다를 바 있으리오. 오늘도 4시 30분에 일어나 한밤에 맺힌 사연 몇 자 적어보오. 쉬운 말로 표현하기 힘드니 글로서 외로움과 괴로움을 달래오. 오늘은 수정궁에 11시쯤에 들어서 수금도 하고 6시에 들러서 친목회원도 만나고 올까 하오. 옛날 같으면 밭에 갈 때 당신과 갔던 길들인데 혼자서 쓸쓸이 그 길을 어김없이 달려야하니 안타깝기 그지없소.

오늘은 당신이 포천병원에 온지 2일 째 되는 날인데 마음 착잡하고 안타까운 심정 누구에게 말하리오. 그래서 밥맛도 없고 몸이 무겁고 머리가 멍하니 힘이 드오. 지금까지 잘 지냈는데 앞으로의 어찌할지 마음을 잡지 못하겠소.

오늘도 어김없이 별 일 없는 하루가 갔소. 게이트볼장에서 일찍 와서 잠깐 장암6리에 오랜만에 들러 술 한 잔 하고 수정궁에 들렀소. 사장이 없어 볼 일은 못 보고 왔소. 안타까운 하루에 오늘을 생각하니 부끄러울 뿐이오. 모든 것이 나의 잘못이오. 내가 직접 당신을 챙겼어야 하는데 아이들만 믿은 것이 좀 더 살아야할 당신을 일찍 1~2년 정도 빨리 세상을 떠나게 한 것 같아 참 안타깝고 한스러울 뿐이오. 말을 못 하니 글로써 남기오. 내가 죽으면 다 불태워 버릴 것이거늘 왜 글씨 공부를 하는지 부끄럽소.

쓸쓸이 식어가는 사랑하는 사람을 두고 집에 오는 심정. 그래도 손을 흔들어주는 그 순간이 떠올라 잠이 오지 않는구료. 모진사람 집이 뭐길래 어차피 버리고 갈 것을 무엇이 아쉬워서 무슨 욕심이 있어 그리운지 마음이 아프오. 이제 얼마 몇 시간도 안 남은 당신을 두고 그래도 나는 잠을 자고 아침에 가보았으나 차도는커녕 죽음만 기다리는 당신의 모습 안타까울 뿐. 무슨 말을 할지 모르겠소. 지금 그 죗값을 톡톡히 받고 있소. 그저 미안하오. 무슨 말을 하겠소.

# 2년 전 오늘

아침 일어나 병원으로 가서보니 당신이 금방 세상을 떠날 것 같은 느낌이 들었소. 서울 동생한테 전화해서 마지막 형수를 보려면 오라하고 연락을 취하라 했소. 희자가 와서 병간호를 하다 마지막 준비를 할 수밖에 없는 경우가 되었소. 매우 안타까운 일이오. 지금까지 모든 고생만 하고 살만하니 이리 무정한 세상은 한 치의 틈도 주지 않고 꼭 가야하나 한사코 믿어지지 않는 일이 찾아오고 만 것이오.

그저 2년 전 오늘을 기억을 생각하고, 마음을 기억하니 너무 안타까워서 어찌하겠소. 몸도 편치 않고 우울한데 오늘 저녁과 새벽 사이 많은 눈이 내린다니 걱정이오. 눈이 오면 눈을 치는 것도 문제지만 아이들이 오는데 얼어붙으면 안전 운행도 걱정이 되는구려. 눈이 와 길이 나쁘면 안 와도 되는데, 하는 것이 나의 생각이오. 걱정인지 노파심인지 알 수가 없소. 오늘 저녁은 당신이 세상을 마지막 가는 날이 되겠지요. 마음만 아프면 무엇하겠소. 도와주지도 병간호도 못한 나쁜 사람이 후회한들 무엇하겠소. 이미 떠난 사람인데 명복을 빌 뿐이고 만날 때까지 안녕히 계시오.

# 꿈같은 당신의 얼굴

날이 밝으면 하루 어찌 깊은데 2년이 넘어가고 오늘이 왔구려. 아침에 일어나 눈이 왔으면 눈을 쓸고 아침을 먹어야 하겠지. 오늘 따라 10시에 노래 신청곡이 나와서 나의 눈시울을 적시는구려. 곰곰이 누워 생각해도 꿈같은 당신이 얼굴이, 얼굴이 더욱 똑똑히 떠오르오.

모진 고생과 아픔도 있을 당신이 있었기에 내가 지금까지 살았는데 어찌 그리 무성하게 떠나오. 참으로 슬프고 한이 맺혀 잠을 못 이루겠소. 지나간 옛 이야기 되어버렸으니 어디에다 무슨 말을 하겠소. 깊이깊이 지금이라도 머리 숙여 사죄하여 용서하구려. 나 또한 사는 게 괴롭소. 힘과 용기조차 잃어버린 지 오래 되었소. 이제는 술도 먹기가 힘들 정도이고 누구하고 대화조차 꺼려야하는 지 오래 되었소. 남부끄럽지 않게 살려고 애도 써보지만 그것마저 여의치 않구려.

저녁 10시부터 날리던 비는 눈으로 변하고 아침 제법 쌀쌀했소. 오늘이 소한이라는데 그것마저 잃어버린

지 옛날이오. 지나간 오늘을 생각하니 마음을 어디에 붙여야 할지 모르겠소.

오늘 선자한테 전화가 와서 내일 바빠서 저녁 늦게 온다 하오 아이들도 전화하고 당신도 어머니 밑으로 올 터인데 모진 모습 어찌할 수 없구려. 내일이면 당신의 얼굴도 보기 힘들게 되겠구려. 안녕히. 추운데 몸조심하시구려.

## 기일이 지나면

내일이면 당신이 마지막으로 세상을 떠나 천국으로 가야하니 이 어찌 슬프다 아니하리오. 원수 같은 병원 생활 끝내고 저세상에서나 병 앓지 말고 몸 성히 지내기를 바라뿐이오. 아이들이 몇 시에 올랐는지 그저 기다리는 심정뿐이오. 아침 04시에 일어나니 KBS에서 나오는 노래조차 슬픈 노래만 흘러나오는데, 살다보면 잊혀지는 것이 세상살이인 즉 나는 남아있고, 멀리 가버린 사람만 불쌍할 뿐이고 안타까울 뿐이오. 예나 지금이나 달라진 것은 아무것도 없는데 오직 당신의 빈자리가 크오. 눈 곁에 스쳐가는 모든 물건뿐이고 만들어놓은 음식이 아직도 여기저기 놓여있고 당신 기일이 끝나면 4층 맞아 그림자를 없앤다 하니 더욱 안타깝소.

하나하나 당신의 발자취가 없어지는 것 같아 안타까울 뿐이오. 아이들이 나 때문에 집에 와 산다 하는데 과연 그럴까요. 물론 나야 많은 문제 해결하니 편하겠지만 아이들 부담 또한 클 것이고 내 부담 또한 만만치 않을 것이오. 그런즉 서로 잘 어울려서 가정을 의롭게 보기 좋게 지내야할 터인데 걱정이오.

하늘에서 당신도 도와주구려. 나의 인생이 바꾸어지는 순간이 될 것이고 아이들 집에도 다니면서 여행도 하고 그저 사는 날까지 살아볼까 하오. 자세한 이야기는 또 적어오겠소. 기다리는 마음이나 빨리 오고 싶은 마음은 같을 터인데 왜 이리 마음이 급할까요. 차라리 안 오면 안 기다려지지 전화라도 하면 될 터인데 관심이 없는 것이라 생각하오. 자기 일 다 하고 남을 어찌 도우며 나 챙길 것 다 챙기면 날 도와줄 것 어디 있나, 잘 생각해 보아야 할 터인데 하나도 제대로 하는 일이 없는 것 같소. 약속 지키지 못하는 사람이 남보고 약속 지키라 할 수 있을지 묻고 싶소.

오늘은 당신의 소상이오. 큰 딸, 작은 딸, 작은 며느리, 진원 식구 전부 고모부와 당신의 2주기를 축복해주었소. 그리고 백의리 희찬이 처남과 아들이 와서 내 마음 조금 위로가 되었소. 마음이야 변함이 있으련마는 가까운 것이 이웃이고 역시 가까이 있는 것이 친척인 것이 예나 지금이나 같으오. 앞으로도 우리 아이들이 변함없는 내일이 있기를 바라면서 나를 사랑하는 모든 사람들의 무궁한 건강과 발전을 기원해주었소. 앞으로의 믿음과 신뢰, 도움을 주는데 인색하지 말 아야 할 것이라 생각했소. 그저 수그리고 살 일이오.

밤 10시에 제사가 끝나고 작은 며느리와 셋째는 가고 진원이와 희자네 식구만 남았소. 희찬이 처남도 와서 술 한 잔 하고 돌아갔소. 성열네와 울산 큰 처남한테는 연락도 안했으니 미안할 뿐이오.

거리가 멀으니 안심도 안 되고 해서요. 내년 대상 때는 3년이 되는 해니 내가 살아있으면 연락을 할까 하오. 당신이 좋아하려는지 알 수는 없지만 나의 생각이오. 자고나면 아이들은 다 가겠지. 참 상수도 있구려. 부대로 돌아갔소. 아이들이 깨끗하게 잘 자라 다행이오. 모든 것이 당신 덕으로 생각하오. 그리고 이 서방이 상무로 진급해서 더욱 기쁘오. 아이들이 다 잘 되어야 나도 후일 당신에게 할 말이 있을 터인데 오늘 아침 5시에 당신한테 전하는 글씨 보니 안녕히 계시오.

## 호암사에 들러 당신에게 예를 전했소

아침 7시에 청주로 갔소. 아침식사 8시 먹고 호암사에 둘이서 오랜만에 당신에게 예를 전했소. 11시 30분 설렁탕 집에서 점심 먹고 2시 5분에 차를 탔소. 나이 먹으면 원거리여행은 그만둬야지 생각했소. 변소문제가 급할 때 실수할 수도 있소. 누구나 겪는 일인데 안타까울 뿐이오. 집에 오니 4시 30분이 되었소.

저녁을 챙겨먹고 잠자리에 들어 연필을 들었소. 참 안타까운 일인데 나의 운명과 복이 이것뿐이니 어찌하랴. 이제 후회한들 무엇하며 눈물을 흘려 무엇하겠소. 희찬이와 아들이 와서 그나마 술친구가 되어 고마웠소. 이제 생각해보니 점점 멀어져가는 것 같고 외로워지는 것 같소.

## 2년 전 오늘을 생각하면서

새벽 4시에 일어났소. 변소에 가는 것이 일과의 시작이고 살아있다는 증거인 것 같소.

오랫동안 병상을 지켜왔던 당신이 지겨운 포천병원 영안실을 떠나 천상의 첫 문인 벽제로 가서 천국 가는 절차를 밟고 땅의 사람이 아닌 하늘의 사람으로 절차를 밟았던 2년 전 오늘을 생각하오.

내가 무엇을 해야 하는지 잘 생각해보오. 오늘은 토요일인데 누가 올 사람도 없소. 그저 큰 집에 혼자서 오늘 내일을 기다릴 뿐이오. 무엇을 어떻게 하는지는 그때그때 생각을 따라하면 되는데 무엇을 어디에서 어떻게 지낼지 생각이 안 나는구려. 광산골 친목회에 갔다 와서 게이트볼장이나 노인회관이나 가야지, 그 정도로 생각해보오.

오늘은 아침은 차림은 과일정도로 하고 점심은 삼팔교 밑 매운탕 집에서 메기매운탕을 먹고 저녁은 노인회관에서 해결하고 종일 4층에 안 올라갔소.

그저 노인회관으로 게이트볼장으로 여기저기 다니

면서 점심이나 저녁을 그럭저럭 해결하는 얻어먹는 신세나 됐소. 사람들이야 자기들 하고 싶은 말을 그대로 말하지만, 듣고 있는 이 사람은 귀에 거슬리는 말도 많구려. 그러나 다 나의 잘못이고 그 정도밖에 안 되니 할 수 없는 것이라 생각하오.

내일은 무엇을 할지 정해져 있지 않소. 되는대로 발길 닿는 대로 살아야지.

## 옛 인민공화국 시절의 나를 아는 사람

오늘도 끊임없이 아침은 돌아왔소. 8시에 산책 좀 하고 집에 돌아오면 8시 30분, 9시요. 그저 그런 세월을 살고 있소. 아침이라고 먹고 나면 10시 잠자고 무엇해야할지 생각을 하오. 지난 2년 전 오늘을 생각하면 '그저 나의 운명인 것을'이라 생각하며 쓸쓸이 돌아서서 생활을 하오.

게이트볼장에 가면 사람들이 많으니 그럭저럭 지내볼까도 하고 회관에도 들러서 사람 구경이라도 할까 하오. 안주는 있으니 술이라도 한 잔 할까 생각을 해보아야지. 고독이란 두 글자는 어쩔 수 없이 늙은이들의 다 겪는 문자이구려. 쓸쓸함과 고독이란 글자만 없다면 얼마나 좋을지 생각해 볼 일이오.

오늘 뜻밖의 초대를 받아 술과 저녁식사 대접을 받았소. 옛 인민공화국 시절의 김윤호가 삼팔경비대원의 창에 찔려 허벅지 우측에 찔린 사실을 목격한 사람이 나타났소. 나에게는 흘러간 인공시절의 38선의 서글픈 사상을 증명하는 증언이었소. 내가 그동안 말해오던 일을 헛소리인줄 알던 사람들의 진실을 알려주는 순간이었소.

내일 상수어미가 온다는데, 나는 나대로 약속한 바 있어 보고 가려는지 알 수 없는 일이오. 내가 쓰는 글씨가 흐려지거나 삐뚤어지면 나의 인생의 끝인 줄 알았소. 인명재천(人命在天)이라 하는데 하늘은 스스로 돕는 자를 돕는 것이지요. 모든 것은 나의 탓이고 인과응보이거늘 내가 무슨 말을 할까요. 아무 생각도 없소.

## 신천수용소에 수감되신 아버지

1월 11일에 말한 바 있지만 이동에서 나에 대한 기록이 참담했고, 인민공화국 때의 사실을 증명할 사람(증인)이 있었다는 것이 참 나에게는 좋은 추억이오. 자식들도 15살 소년의 그때 슬픔과 어머니의 정성어린 마음을 세상에 살아 오늘에 이르니 알 것 같소. 아픔의 가슴을 어찌하리오. 그때 아버지(金基豊)는 평안북도 순천, 신창수용소(교도소)에 수감되셨고, 어머니의 정성어린 마음이 떠올라 울먹이며 적고 있소. 생각해보니 모든 것은 나의 타고난 것이고 처음부터 고생의 일례일 뿐이오. 죄는 죄대로, 믿은 것은 믿는 대로 갈 뿐, 빚을 지고 살지 않는 것이오.

외로움과 고독을 안고 오늘이 시작되오. 세월이 가면 나아질까 생각도 했건만 이 또한 허사구려. 일이 얼마나 있는지 모르지만 고독과 외로움을 잊을 수가 있을까요. 고독과 외로움은 더욱 짙어져오고 어두운 그림자는 점점 어두워진다오. 어찌할지 앞을 모르겠소. 오늘의 아침도 이렇게 시작되고 이렇게 끝이 나는구려. 어디로 향할지 발걸음을 내딛어 봐야지. 상수어미가 온다는데 기다려 봐야지.

외로움을 달래줄 사람이 누구인가. 자식인가 술친구인가. 생각해보오. 과연 누가 어떻게? 자식들이 자기 일에 바쁜데, 시간이 없는데 현 사회에서 과연 누가 홀로 사는 늙은이에게 외로움이나 슬픔을 달래줄까 생각해보오.

아무도 외로움을 고독을 달래주는 사람은 없소. 자식은 자식대로 가정이 있고 늙은이는 늙은이대로 생각과 생활 습성이 다르니 이해해야지 누구의 잘못도 아니오. 몸이 불편함은 양로원 생각이오. 그것도 ABC 없으면 서러움이며 모든 경제권 이양하니 슬픔이 배가 되고 걱정이 되는구려. 어차피 자식들은 안 그렇다고 하지만 이것은 시대의 흐름이요 정부 정책이라 생각하오. 과연 나는 모든 것을 벗어나고 싶은데 과연 가능할까요?

괴로움을 달래는 데는 역시 술이고, 경로당 놀이터는 아니야. 이 또한 더하면 게이트볼 이 또한 몸이 허락하면 좋은데 이것마저 생각해보고 사는 동안은 좀 더 남의 도움 없이 살아야 할 일 생각해 봐야지. 원래 쓸 때는 악필인데 이 또한 흐려지는구려. 아, 슬프다. 내 인생 어디서 보상 받으며 즐거움과 외로움을 찾으리오.

# 자식을 위해 살아야지

오늘도 무사히 별일 없이 집에 왔소. 저녁이나 한 술 차려먹고 악몽의 꿈이 기다리는 밤이 오면 무슨 일이, 어찌될 일이 기다리고 있을까 의문이오. 갈수록 세상은 어수선하고 어지럽소. 남은 인생이나마 그런대로 잘 지냈으면 하오.

어느덧 세월은 흘러 앞으로 5일 후면 대한이고, 15일 후면 춘분이고, 우수가 지나면 경칩이오. 명절이 지나면 봄은 오는데 늙은 촌부는 무엇을 기다리겠소. 기다릴 것도 바랄 것도 없는 인생, 그저 가만히 흔들지나 말고 놔두면 고마울 뿐이오. 그래도 주어진 나의 일은 스스로 해야 하는데, 몸 또한 말을 듣지 않으니 요즘 촌부의 마음과 몸이라오.

참고 참자 누가 뭐라 해도 참자 주문을 외우고 있소. 나는 나대로 생각이 있소. 아이들을 위해서라도 꿋꿋이 버텨야 한다고 생각하오. 조금이라도 아이들의 짐이 되어서는 안 되오. 사랑하는 자식들을 위해서 살아야하오.

# 반성하며 살아야 한다

아침 5시에 일어나 며칠 만에 목욕하고 오늘의 일과를 생각하오. 옛 성인이 말하는데, 오늘의 일은 아침에 결정된다고 하니, 옛 성인의 말처럼 다름없는 날이 시작되는구려.

아침 8시에 운동, 30분 거리 집에 강아지 둘이 있는데 그놈 밥 주고나면 나도 뭐 먹어야지. 똑같은 일은 계속되고 있소.

오늘은 혈압약이 없어 도평 보건소에 약을 타러 가야하오. 이것이 생각한 일과라오.

인간이라면 모든 것을 잘못과 잘한 것을 구분이 되어야 하오. 좋지 못한 사람은 영원한 낙오자로서, 자기 할일을 못 하는 사람이고 타인에게 무제한의 악을 저지를 수 있소. 사람은 원래 선이었건만 살아가면서 악의 씨가 몸속까지 퍼져 영원한 악이 되는 것이라오.

산다는 것은 서로 돕고 협조해서 사는 동안 살아가야 하오. 이만 줄이오, 여보.

## 바다가 보이는 곳으로 가고 싶소

노인정에 들러서 오랜만에 마작을 했는데 1승 2패를 하였소. 마음이 괴로우니 아무것도 되어지지 않고 소득도 없구려. 3달째 적자는 물론 사람 하나 구경하기 힘들구려. 어찌된 일인지 알 수가 없소.

생각인데 어쩌면 잘하는 일인지 모르오. 어디론가 묵묵히 떠나고 싶은 마음이오. 아이들을 믿을 수가 있을지도 의문이오. 나와의 의견차이라도 생기면 모든 것이 불안하니 차라리 내가 멀리 떠나야할까 생각도 해본다오. 내가 없다한들 뭔 일이야 있으련만, 모든 것을 정리하고 봄이 되면 멀리 나의 갈 길을 갈 생각도 한다오. 어디 멀리 바다가 보이는 곳으로 영원히 가고 싶은 생각이오.

# 빈손의 당신이 부럽다

괴로움과 외로움을 준 여자! 그래도 잊지 못해 슬픔을 노래하는 심정 그 누가 알런지 모르지만 괴로웠소. 그 시절 살려고 애썼던 그 시절 괴로움도 있고 열심히 노력하고 살았소. 그러나 지금은 저 도봉산 끝자락 어느 절에 한 줌의 재가 되어버렸소.

어차피 인생은 왔다 가는데 빈손의 당신이 부럽기만 하구려. 어차피 인생은 빈손으로 왔다 가는 것을 아는데 어찌 조급해하는지 나 또한 안타까운 일이오. 아……. 이 괴로움의 세월은 언제 떠날지 하늘에 묻고 싶소.

괴로움에 지쳐 우는 마음, 그 누가 알까 만은 흔들리고 흔들리는 외로운 마음, 괴롭기만 하구려. 사람의 마음 변함없어야 하는데 그러지 못하고 떠나야하는 인생이오. 어느 누구에게 원망하라고 아침마다 자식들 잘 되라고 기도하고 사는 것이 부모의 마음이거늘 어느 자식이 '부모 위해' 기도는 그만두고 생각이라도 하는 자식이 얼마나 되리오. 자식으로서 부모를 위해 무엇을 해야 할지 생각 좀 하는 것도 효도이고, 나이 든 사람의 마음은 그저 친절처럼 가까운 것이 없소. 가식이 없는 이 마음은 슬프오. 괴로움을 주지 않는 자식이 되어서도 안 된다고 생각하오.

# 한심한 나

세상 누구든 없이 태어나 없이 가는 것이 원리인데 무엇 때문에 안타까워하고 이기려고 하는지 모르겠소. 나 또한 천만 원 들여 모은 물품 단 돈 오만 원에 팔아 35,000원어치 술 먹고 남은 돈 15,000원! 참 어이없는 나의 세대와 젊은 세대와의 차이라오. 물건도 세월이 가면 낡아 쓸모없고 사람 또한 나이 먹으니 쓸모가 없으니 이것이 자연의 법칙이오, 세월의 흐름이오.

먼저 간 사람은 이것저것 모르고 사니 편할지 몰라도 살아있는 사람 마음 또한 과연 편할까요?

오늘 상수 어미가 왔다 갔고, 진수의 처 또한 끝날 때쯤에 왔다 갔소. 상수 어미는 3시에 가고 선자는 6시에 왔소. 안 와도 되는데 고마울 뿐이오. 역시 자식과 어버이 사이는 그런 것 같소. 요즘 같은 세월에 나의 자식 4남매는 효성스럽고 고마운 마음 어디에 비하리오. 이 또한 조상님들의 은덕이 아니고 무엇이겠소. 앞으로의 자식들의 마음과 몸의 건강을 비오.

준영이 어미가 왔다고 전화가 왔소. 술 한 잔 하고 저녁 먹고 집에 오니 7시였소. 내가 집에서 기다려야 하는데 미안했소. 잘 자리를 내주어야 되는데 미안할 뿐이오. 이야기 저 이야기 하다가 잠자리에 들었소.

# 아버지로서의 바램

이 달도 마지막 일요일이오. 세월이 빠른데 내 몸이 따르지 못하는구려. 매우 슬픈 나날과 괴로운 하루를 어떻게 채울지 먼저 걱정을 하오. 무슨 재미로 무슨 소일로 살아가야 하는지 생각해보오.

준명이 애비, 엄마가 와서 그래도 할 일을 다 했소. 보온관리, 세탁 등 준영이네 식구들은 없어도 아무 말 없이 어려움을 극복하는 모습이 '아름답고 즐거워 보인다.'고 칭찬해주었다오. 없이 살면서 홀로 있는 아버지 생각하는 마음을 동리 사람은 다 안다오. 다 칭찬해주고 다 주고 싶은데도 능력 없고 힘없는 아버지로서 참 그저 미안할 뿐이라오. 후일에 아이들이 이 글을 볼지는 몰라도 나의 마음이 그러하오.

오늘도 준영이네 엄마가 게이트볼 장까지 왕복해주고 미리 와서 그냥 돌려보냈는데 미안한 마음이오. 저녁 약속이 있어서 그냥 보내 미안한 마음 금할 바 없소. 이 세상에 태어나 어려움과 근심, 걱정도 도우며 살아온 인생은 외롭고 고독 큰 시련은 없다고 생각하오. 앞으로의 아이들이 가족을 위해서 열심히 심혈을 기울여주길 바랄 뿐이오.

오늘도 전과 다름없는 너희들의 아버지로서 할 말은 다 못해도 노력은 했다고 생각한다오.

# 인생의 괴로움은 살아봐야 안다

밤새 내리던 비는 멈춘 것 같은데 그래도 겨울이라 아침바람이 차오. 영하 5~6도를 오르내리오. 어제 왔다 간 준영 어미는 잘 갔는지 궁금하오. 오늘은 상수 어미가 일찍 온다고 했는데 몇 시에 왔는지 알 수 없고 인제 4층 공사도 마무리 단계이고 화요일에는 도배를 한다고 하오. 아무쪼록 생각대로 잘 되었으면 하오.

자식을 위한 부모 마음이 다 한 가지거늘 그 어느 부모라고 다를 수 있으리오. 비가 멈추면 산책이나 갔다가 와서 아침식사를 하고나면 나의 할 일을 해야 하겠지요. 그저 덤으로 나는 인생 누구를 탓하랴. 묵묵히 가든가 쉬면서 가야지요. 남에게나 자식에게나 욱하는 성질도 버리고 세상을 떠나야 할 것 할 것 같소. 꾹 참고 웃어 보이면서 떠나자 생각하오. 이제 봄이 되면 태도를 정할 때가 된 것 같은데 틀을 어떻게 짜야할지 생각해보아야 할 터인데 생각 좀 해보여서 적절히 틀을 짜야하는데 걱정이오.

세상을 사는 것도 자기 멋이겠지만 그 또한 괴로움은 마찬가지라오. 오늘의 나의 생활은 그 어느 집시에 비하리오. '인생의 괴로움은 살아봐야 안다'고 그 누가 말했소. 죽은 사람이야 편하지만 그를 그리워하는 사람은 매우 괴로울 뿐이오. 물론 생과 사는 분명한데 그 누가 말하련만 그 또한 운명의 장난이 아닌가 하오. 오늘은 술에 취해서 모든 것을 이런 상태일 때 적는 글인데…….

# 모든 것은 인과응보(因果應報)

어제는 아이들이 와서 농협 관계 3년으로 묶어놓고 출자금 이자 또한 수령했소. 수정궁 가서 갈비로 점심을 하고 아이들은 일찍 집으로 보냈소. 오늘의 일이야 점심이나 먹고 꿀 관계를 완전 해결해야 할 것 같소. 누가 뭐라 해도 나의 갈 길을 가야하는데 옛 김윤호가 아닌 쪼그라진 늙은 촌로가 된 기분이오. 마음은 한참인데 시야가 흐려지고 아무도 없고 그저 하자는 대로 하는 한낱 로봇이 된 기분이라오.

저번 주에는 유채꽃 만발하는 봄이 왔는데 나에게는 즐거운 소식은 온데간데없고 어두운 세월만 눈에 아른거리오. 몸 또한 안 좋고 하니 모든 것이 허망일 뿐이오. 때를 보아서 어디론가 가야하나 생각도 한다오.

봄이 되고 신년이 되니 관공서도 모두 인사이동이 있어서 세대교체가 되는 것 같소. 금년도 무사히 지내고 남들과도 따뜻하게 지내야할 터인데 걱정이오. 우선 몸이 튼튼해야 하는데 마음이나 신체나 말을 잘 안 듣는구려.

인생은 어제가 어제고 오늘이 오늘이구려. 참 묘한 것이 인생이라오. 역시 인간은 다람쥐 쳇바퀴 돌듯이 산다오. 오늘과 내일이 같은데 무슨 발전과 비전이 있다 하리오. 아, 슬프다. 늙어버린 인생이……

오늘의 모든 일은 순조로이 잘 끝을 맺었소. 역시 인간은 덕으로 살고 덕으로 사는 것이 옳음을 새삼 느낀다오. 모든 것은 인과응보(因果應報)이거늘, 남에게 친절하고 괴로움 같이 나누면 영원히 자식에게 복이 있음을 말하고 싶소.

# 인간은 한낱 새들만 못하다

생각했던 일이 끝이 났으니 즐거운 하루를 지내려 한다오. 할 일은 다 하고 계획은 계획대로 행할 것이요.

머리 이발 하고, 묵구 데리고 산책은 이변이 없는 한 열심히 한다오. 아침밥은 먹어야 되고, 다음 발길 닿는 대로 게이트볼장 또는 노인회관 아니면 술이나 한 잔 하오. 오늘은 그럭저럭 하루가 지나간다오.

나 홀로 인생 사는 것이 옳은 일인지 마음 속속 아플 뿐이오. 봄이 오고 따뜻하면 울산 동생한테나 가서 여정이나 풀까 하는데 역시 고향집 아이들 그리워 그리할 수 있을까 걱정이오.

세월은 못 속인다오. 나무에는 까치들의 울음소리, 들에는 새들의 소리 청량한데, 어찌 인간은 한낱 새들만도 못하냔 말인가요. 인간 또한 그러하면 좋을 터인즉 몸과 마음뿐이지요. 마음대로 되는 일 하나도 없구려.

# 큰아들과 같이 살다

어제의 일은 성공적으로 이삿짐 운반이 끝났소. 친척도 자식들이 한 명도 안 와서 아버지로서 자식에게 미안하였소. 다 먹고살기 바쁘니까 그렇겠지만 와서 봐주는 것이 도리인데 안타깝소.

모든 것은 순리에 의해 살아가야지 억지로 되는 것은 아니오. 옆의 형들의 말도 듣고 모든 것은 흘러가는 대로 내가 따라야지 고삐에 매인 것, 그 느낌은 아니라 생각하오. 인생은 참 아이러니하오. 술이 취하면 마음이 넓어지고, 생각하면 그러지도 않고, 이제 모든 것은 인생의 제3의 세월이 흘러가는 것 같은 마음이 든다오.

참 아이들에게 매우 고마움 금치 않는다오.

인생이란 늙으면 자식에 기대는 것이 원칙인데 내 무엇을 탓하며 무엇을 원망하겠소. 나의 운명이며 전생의 업보이거늘, 내 무엇 탓할 일이 있겠소. 남보다는 남에게 욕먹지 않고 지금까지 살아왔던 아이들 잘 키워주는 아빠, 엄마(아들 딸) 며느리들에게 감사한다오.

"애들아 술 한 잔 하다 보니 취해서 그럭저럭 적은 것이니 심려 마라. 눈으로의 너희들의 각자 행복과 건강을 기원한다."

# 어버이 마음을 헤아려주는 아이들

며칠 후면 정월인데 내 생각 매우 착잡하오. 괴로울 뿐이오. 물론 자식이 부모의 마음을 헤아릴 지 어찌 아련만은 우리 아이들은 어버이의 마음 헤아려주는 마음 매우 고맙게 생각한다오. 역시 살아있을 때 잘하는 것이 효성이고 효부인데, 나 또한 그리 못했으니 나 어찌 바라건마는 후일에 자식들에게는 모든 것이 할아버지 할머니였다고 생각하니 조상들에게 매우 부끄러울 뿐이오. 오늘은 일찍부터 비가 내리고 몸 역시 좋지 않아서 종일 숨어서 있으니 허리도 아프고 짜증만 난다오.

# 장보러 간 아이들

내일이면 12월 30일 음력 선달그믐이오. 벌써 당신이 세상을 떠난 지 두 번째 명절이오. 그동안 살아온 인생의 높고 낮음도 많았는데 마음이 착잡하고 서글픔만이 눈시울을 적실 뿐, 좋고 그름을 판단 못하고 그냥 살아왔소.

오늘은 가윤이 유치원 졸업이라 애비, 에미 다 가고 나 혼자 집에 있소. 속절없이 내리는 눈은 나의 마음 슬프게 하고 가는 세월, 오는 세월이 원망스럽기만 하오.

내일이면 아이들이 오겠지요. 처갓집 식솔도 올지 또한 궁금하오. 안 오면 보고 싶고 만나면 덤덤한 것이 인생이오. 할 말도 많았는데 막상 만나면 말문이 막혀버린다오. 이것이 인생이라면 차라리 태어나지 말았어야 할 사람이 태어나 마음만 조이게 하는 것 같구려.

눈은 계속 내리는데 걱정이오. 눈은 끝나고 밤이 되면 겨울날씨라 쌀쌀하오. 그런데 장보러 간 아이들은

5시가 되어도 오지 않으니 기다려진다오. 전화를 해봐야, 전화를 한다고 빨리 오는 것도 아닌데 공연히 놀라서 전화를 해보오. 어머니 제삿날까지 날씨가 따뜻해야 할 터인데 걱정이오. 할 일은 많고 몸은 말을 안 듣고, 뭐 뜻대로 되는 일은 없고 눈에 거칠어 보일 뿐이오.

오늘은 목욕이나 하고 자야하는데 몸이 여의치 않아 더 아플까봐 걱정이오. 아이들이 장 보고 돌아왔소. 눈이 와서 걱정이었는데 아이들이 와서 고맙구려. 내일을 위하여 준비하느라 혼자서 모든 일을 처리하니 안쓰럽소. 내일은 연우네 식구들이 오겠지요.

## 늙으면 아이가 된다더니

어느덧 오늘이 섣달그믐이고 내일이면 음력 초하루며 우수라오. 완연히 봄은 왔고 봄을 시샘하듯 궂은 진눈깨비 내리며, 세월은 어쩔 수 없는 것이오. 그전 같으면 벌에 떡밥 주고 벌을 보느라 바쁠 터인데 ,벌도 그만두고 모든 것을 손 놓으니 편안한 것인지 무엇을 잊어버린 것 같은 느낌이오.

마음이야 어찌되었던 세월은 나를 잡아주지도 놔주지도 않는다오. 몸은 서서히 부서져가고 마음 또한 시들고 늙으면 사람이 남에게 의지하고 그리워지는 것 같소. 옛말에 늙으면 아이가 된다는 말, 그 말이 알 것 같소. 돌아오는 해에도 아이들의 즐거움과 행복하고 부를 누리며 살면 감사하겠소.

# 당신에게 가고 싶소

산소에 다녀와서 아이들도 가고 큰 처남 근수 다들 갔소. 마음과 몸이 여의치 않소. 가지 않기로 하고 나는 집에 있었소. 요사이는 영 바깥출입을 하기 싫은 걸 보니 인생의 마지막인가 궁금하오. 이럭저럭 적다 보니 오늘과 내일도 구분하지 못하는 인생이 되어버렸소, 안타까울 뿐이오. 당신이 있는 호암사에는 정말로 가고 싶었는데 마음의 정리도 안 되고 쓸 데 없는 걱정을 하느라 못 가서 당신한테 죄스러울 뿐이오. 모든 것을 참고 견뎌야 하는데 그러지 못해 매일 후회하오. 내일은 또 어떻게 지낼지 걱정이오.

# 어머니의 기일

어머니의 부름 받아 날씨 또한 좋고 따뜻합니다. 진원이 집으로 들어와서 홀로 있는 나에게 기쁨을 주고 가윤의 재롱 또한 나를 기쁘게 만듭니다. 어머니, 아버지의 따스한 공을 잊지 못하고 마음 한 구석에 언제나 새겨두고 있습니다. 제대로 효자노릇도 못하고, 아니 모시지 못하고 돌아가신 영령에 머리 숙여 조아립니다. 어머니가 살아계시면 금년 108년째 기일인데 여기 집에서 조그마한 정성으로 제를 올리오니 받아주기 바라며 이런 자식 며느리조차 몸 건강하고 좋은 동량이 되게 계속 도와주시기 바라며 자세한 말씀은 다시 나열하겠습니다.

하염없이 내리는 봄비는 나의 마음 슬프게 하고 오는 손님 또한 못 오니 마음 섭섭하나, 봄 비 내리니 대지와 나뭇가지에 이슬이 머금고 활짝 웃는 듯한 나뭇가지가 나의 마음 한 구석을 외워주는구나.

그쯤 어머니의 제를 10시에 올리고 나니 마음 기쁘

다. 오늘로서 1차 행사, 이사는 끝이 났고, 내일은 동네친구들하고 약소하나마 점심이나 할까 한다.

인생은 바람 따라 흘러가고 세월은 구름 따라 떠나는데 세월은 흘러도 찾아오지 않은 인생이 몹시 서글프구나. 한 번 떠나가면 그만인 인생 무엇을 탓하랴.

# 아버지의 생신

오늘은 아버지 생신이다. 어언 세월 101년, 긴 세월이지만 그동안의 아버지의 인생살이 험한 것 대강 저술할까 합니다. 아버지는 1907년 경기도 영평군 동면 매마을 563번지에 김용춘 씨와 정인순 여사의 둘째 아들로 태어나시었다. 생일은 정월초 4일이고 몇 년 후인지는 몰라도 낭유리에 살고 계신 전주 이씨 영천대군 파 이시영 씨의 손녀로서 매바위로 출가해 저희 아버지와 결혼하였을 것이다. 그 후 1남 1녀의 아이를 두었으며 그가 김윤호 본인이고 누이동생이 정숙이다.

그 후 해방이 되어 기뻐해야 나이에 이북정치의 참혹한 학대로 평안북도 순천군 신창 노무자 수용소에서 교도생활 중 6.25가 터져 수천 명을 살생하는 와중에도 단 5명의 생존자만이 생존했다 한다. 9.28수복 때 집에 돌아오자마자 전쟁이 끝은 안 나고 중공군의 포로가 되어 다니던 중 미군, 국군의 배려로 전라북도 정읍 하오병원에서 신병치료 중 휴전이 되어 아동에

오신 것이다.

몇 년의 농사일을 도우시다 공산당의 악정의 상태에 상처를 입으셔서 어렵게 살던 시절이고 의사 하나 없는 집에서 쓸쓸히 세상을 떠나시며 매바위 419번지에 안장 현재에 이른 것이다. 한 많은 세상에 태어나 고생도 많이 하시고 옳은 일 하나 못 보고 돌아가신 아버지에게 생일을 맞아서 적어둔다. 오늘이 할아버지 생신인지 알라고. 만약 내 후세에 이 글을 보는 사람이 있다면 기억해주기 바란다.

# 형제 간 친구 간에 더욱 돈독해지길

늘 흐리고 비가 내렸던 하늘은 맑고 깨끗해졌소. 오늘은 출근하는 아들을 바라본다오. 첫 날의 모든 일이 제때 잘되고 어린 손자 손녀들의 몸 건강하고 좋은 해가 되기를 소망하오. 아버지로서 부탁하니 형제간 친구들하고 더욱 가까운 해가 되기 바라오. 물론 아버지하고 사는데 불편한 점 있겠지만 서로 이해하며 도우며 열심히 좋은 아들과 좋은 아버지 되기를 서로 노력하면 좋겠소.

## 오늘은 삼일절

드디어 삼월이오. 삼월의 뜻은 모든 인생과 만물에 소생하는 날인데 이 몸은 왜 이리 쪼그라들까요. 그러나 사랑하는 자식과 손자가 있으니 얼마나 다행인가요. 오후 2시에 둘째를 기숙사에 두고 오는 아버지 엄마의 심정을 그 누가 알리만은 그래도 글을 쓸 수 있어 적으니 다행이오. 이도 못 쓰면 이제 그만이지요! 진원네가 의정부에 어제 작은놈을 기숙사에 보내고 오늘 4시쯤 집에 왔소. 밥맛이 없소. 그저 4끼 중 한 끼만 집에서 먹었소. 오늘 해원네 내외가 집에 찾아와서 아들이 4월 13일인가 결혼한다고 하오. 진원이 혼자나 보내고 그만둘지는 그날따라 생각해볼 일이오.

내일 2일은 가윤이가 이동초등학교에 입학하는 날이오. 오랜만에 며느리와 같이 입학식에 참석해 축하해줘야지. 영광으로 생각하오.

괴로움도 그만 외로움도 그만, 술 한 잔에 웃는 인생, 나 자신이 가엽고 불쌍하기만 하오. 허기야 그런 인생이 어디 하나둘이겠느냐만, 부디 중생들은 외로움과 괴로움이 없이 살아가길 바라오.

# 막내손녀 가윤이의 초등학교 입학식

오늘은 막내손녀 가윤이의 초등학교 입학식이오. 내 생 할아버지로서의 마지막 선물일 것이오. 이때에 할머니가 살아있었다면 더없는 입학식이 되었어야 할 터인데 그러지 못하는 마음 안타까울 뿐이오. 오늘 아침은 즐겁고 온 가족의 영광으로 생각하고 몸 건강히 영리하고 힘찬 손녀딸이 되기를 기원하오.

11시에 입학식이 끝났소.

참 흘러간 세월이 안타깝소. 20년간 소방 대장 이취임식을 이동교리에서 이취임식을 했는데 그때는 즐거웠었소. 역시 내조의 왕 明玉 씨, 당신이 있었기에 그런 날이 있었던 줄 알고 있소, 20년의 가까운 세월을 내조를 했고 이진호 포천군수가 사회를 볼 정도면 아이들은 알 것이오.

모든 것은 하루아침에 이루어지는 것이 아니라오. 열심히 노력과 인내의 힘을 자신의 힘을 키운 것이오. 하늘도 일 하는 자를 돕지 놀고 있는 자를 돕지 않는다는 것을 잊으면 안 된다오. 옆에 무엇이 있는지 내가 무엇을 해야 할지는 옆에 있는 모든 사물이 가르쳐줄 것이라오.

# 막내손녀의 입학

어제는 대학교, 중학교, 고등학교, 초등학교, 모두 입학하는데 다 똑같은 손자, 손녀인데 못 가서 할아버지는 매우 섭섭하고 부끄럽게 생각하오. 후일 너희들이 이 글을 읽는다면 용서하라 이 못난 할아버지를…….

삼월 들어 첫 장날인데 내일이면 14일이고 정월 다음 날은 나의 막내 김경원이 축복 끝에 태어난 날이오. 그때 그 시절은 젊음이 넘쳐 있고 어머니가 계시고 아내가 있으니 무엇이 부러웠냐마는 근간 60년 되어가고 내 나이 80이니 세월이 많이 변했소. 지금처럼 좋은 세상에 아들과 아내를 잃어버린 촌노인이 있으나 "세상 사람들이여, 나를 비웃지 마시오." 나도 열심히 살려고 나름대로 애도 써보았소.

지나온 세월 놀기도 좋아하고 친구 좋아하니 불미스러운 일 없소. 누가 말하랴 지나온 일은 이유 불구하고 사과하고 온 세상에 용서와 자비를 구합니다. 살다보면 섭섭하게 생각하고 욕하더라도 이 몸은 머리 숙여 사죄합니다. 나 때문에 피해나 속임수가 있음이야 어찌 없다 하리오. 여러분 덕분에 오늘이 있다고 생각하고 머리 숙여 여러분에게 감사드립니다.

오늘은 막내손녀 첫 등교일인데 파티는 내일로 미루기로 하였소. 어미가 의정부 회의가 있어 갔으니 가족과 함께 소소한 파티라도 해야지요.

# 죽은 아들을 그리며

양의 해를 맞아 우리 가족의 건강과 행복하기를 바랄 뿐이오. 45년 전 오늘은 온 가족이 기뻐하고 환호하는 날이었건만 오늘은 그렇지 못하오. 45년 전 그는 간 곳이 없고 며느리 손자 손녀 셋만 남고 나 또한 홀로 되었으니 언제나 슬프고 안타깝다 아니하리오.

벌써 14년 전 꽃 같은 30의 나이에 공장과 함께 멀리 가버린 그 자식. 이제는 엄마마저 없고. 아, 나 홀로 이 험한 길을 걸어가야 하나요? 마음이 아파서 일어나 몇 자 적는다오. 누웠으니 잠도 안 오고 부럼이 준비되어서 깨버리고 먹고 나도 잠이 안 오니 그저 아침까지 뜬눈으로 새어야지요. 외로운 나는 오늘도 끝없는 외로움을 어디에서 찾을지 걱정이요. 죽은 아들이 부디 오늘에 태어나 명을 달리했어도 어린 자식과 그의 아내와 온 우리 가족을 위해서 저승에서라도 기도하고 믿어주기 바란다오.

이제 아버지 나이 80이 넘었는데 무엇을 바라겠소.

그저 가족의 영원한 번영과 즐거움이 가득하길 바랄 뿐이오. 저녁이 되면 너의 형도 집에서 아버지와 같이 살고 있으니 옛날 너를 그리듯 달이나 쳐다보며 좋은 일만 있기를 기원해야지. 오늘 따라 손이 잘 움직여지지 않아 글씨조차 조잡해지는구려. "경원아. 저승에서나마 부디 잘 있어라. 못난 아버지의 마음이다."

저녁에는 옥상에서 가족들의 건강과 행복지수가 충만하기를 믿었소. 오랜만에 달도 구경하고 할머니와 자식 경원이가 저승에서 만나 행복하고, 어린 자식과 가족을 도와주기를 빈다오.

## 미안하구나, 나의 딸아

벌써 3월 달도 반이 넘어가고 내일은 비가 온다고 하는구려. 봄은 왔는데 가슴에 묻어둔 작은 아들 경원이와 애 엄마는 여전히 나의 눈시울을 적시는구려. 오늘은 무엇을 어떻게 할지 되어가는 대로 슬슬 걸어가 보려하오.

게이트볼장에서 그럭저럭 하루 술 한 잔에 껄껄대고 비 오는 날에 오후에 이 몸 또한 흐리고 비는 나의 가슴을 적실뿐이오.

매바위 밭에 들러서 돌아보고, 수정궁에 갔다가 마을에 들러 하루에 일과는 끝이오.

# 산정호수에 가다

세월은 빨라 오늘이 4월도 중반기에 접어들고 사람들은 꽃놀이 가느라 바쁜데 홀로이 무엇을 위해서인지 떠나지도 못하는지 사람이 부족해서 그런지 매일 술에 절어 세월 보내니 안타까울 뿐이다. 오늘은 아이들 데리고 밭이랑이나 고르고 산에나 다녀서 올까 한다. 혼자는 모든 일이 겁이 나니 남은 인생이 얼마 남지 않은 것 같다.

오늘은 아이들의 배려로 산정호수를 몇 년 만에 갔다. 세상은 변하는데 인생은 변하지 않으니 이 또한 안타까운 일이다. 산정호수 3년 전 오늘과 이동의 발전이 뒤쳐져있어 안타까울 뿐이다. 내년이면 케이블카를 설치한다 하는데 이동주민은 무엇을 원하는지 생각하고 싶다.

## 희자의 생일

사흘째 내리는 비는 아침에도 그치지 아니하고 온다오. 비가 그치면 산에 두릅도 가보아야 하고 씨앗도 심어야 하오. 어제는 희자 생일이라는데 전화도 못 해줘서 미안할 뿐이오. 내가 거기까지 생각할 여지가 없소. 물론 그 전에도 그러하였을 것인데 마음대로 생각하라지요. 오늘은 고단한 날이었소. 밭에서 코너까지 심고 밭도 거의 다 정리를 했소. 산에도 다녀왔고 내일은 또 비가 온다하니 파와 상추를 사오려 하였으나 비가 안 오면 심어야하지요.

# 5월에 아이들이 당신한테 간다는구려

어느덧 한 주가 지나 토요일이 되었소. 날씨는 아침 저녁 싸늘하고 낮에는 더운 편이소. 오늘도 정든 집을 떠나 호암사 옆 무덤에 있는 당신을 생각하면 마음이 아프오. 그러나 아이들이 좋다 하니 할 수 없고 나 역시 아이들이 관리하고 있으니 난들 무슨 말을 하리오.

모든 것이 아이들 주관인데 내 마음 같으면 당장 이리 옮겨 모시는 것이 좋을 듯싶은데 아이들이 싫다 하니 어찌 할 수 있소. 오늘은 가윤이가 제법 말을 잘 듣고 똑똑하니 마음이 좋구려.

5月에 당신한테 간다고 하니 그때 봅시다. 오늘은 무슨 일 어떻게 할지 생각나는 대로 움직이는 데까지 움직여 보아야 하지 않을까 생각이오. 이 모든 것이 내가 잘못해서 이 지경 되었으니 무슨 탓을 하리오마는 목숨부터 사는 것이지. 이 어찌 하겠소.

만날 때까지 안녕히 계시오. 아침 되어 생각이 나서 몇 자 그리니 그리 아오. 이것조차 그리지 못하면 떠나야해. 떠나야지 안녕이라고.

# 기득권을 넘겨주려 하오

무엇이 나를 기다리고 있는지 내일을 기대려보려오. 오늘따라 잠이 왜 이리 안 오는지, 낮에 잠을 잔 것이 이유인지 이 생각 저 생각 하다 보니 모든 것의 나의 잘못이고 부덕한 탓에서 온 것 같소. 나 홀로 외톨이로 자라서  모든 것을 보는 눈이 넓지 못하고 어리석은 점 나도 깊이 반성한다오. 그러나 나는 여태까지 모든 것을 나의 위주로 살고 나의 위주로 일을 해왔다오. 누구보다 열심히 일했고 돈도 벌고 쓰고 쓸데없는 낭비 또한 깊이 반성하오. 그러나 내가 이만큼 사는 데는 남보다 운이 따랐을까요. 조상의 은덕 또한 크다, 어찌 아니하리오. 다른 사람은 날 보고 왕소금이라 하는데 난 그렇지 않소.

# 일장춘몽의 인생

세월이 흘러 당신이 떠난 지도 지금 어언 2년이 넘었구려. 지금 생각하니 모든 것이 세월의 꿈이었나 보오. 옛 성현들이 인생을 일장춘몽(一場春夢)이라 하더니 그 말이 딱 맞는 것 같소. 당신 덕에 잘 지내고 있소. 여전히 술 먹고 생각하니 당신 생각이 더 나는구려. 원래 글 솜씨가 없어 자세한 말 못하나 당신이 아버지, 어머니 산소 정리를 잘 하고 갔는데 이상이 생겨 오늘 진단결과 보수 작업을 하기로 결정하였소. 그리 아시고 협조 바라오.

나야 언제 떠날지 모르는 인생이지만 자라나는 아이들 손자들에 몸 건강하고 티 없이 자라주길 기다리는 마음이오. 천당에서라도 축복 기원으로 돌보아주기 부탁하오. 홀로 모든 것을 결정하고 정리하려하니 마음이 매우 고달프고 슬플 뿐이오. 당신 떠난 후 제대로 웃어본 일조차 없소. 그저 마음만 아플 뿐이오. 끝으로 부탁이오니 아들, 딸, 손주들의 모든 축복과 야망을 빌어주시기 바라오.

# 베푼 만큼 돌아온다

옛날 같으면 기다리고 고대하던 신록의 계절 5월인데 이제 나에게는 희망도 미련도 없는 그저 5월일뿐이오. 참으로 기고한 세상 태어나 우여곡절도 많이 겪고 살아온 인생인데 모든 것이 한낱 한숨의 순간이 되었소. 참으로 안타까운 인생의 끝이랄까요. 아직 할 일도 많은데 모든 것 부질없는 일인 것 같소. 5月 이전에 아이들이 찾아오겠지 했소. 모든 것이 바뀌고 세대가 변하고 몸조차 불편한데는 많은데 말도 않고 그저 지내는 것이 좋은 듯싶소.

나의 생이 다하기 전 할 일은 마무리 지어야 하는데 영 마음이 안 내킨다오. 생각 좀 많이 해봐야 할 것 같소. 사는 동안 남의 신세 지고 아이들에게 짐이 되어서는 안 되는데 걱정이오. 세상을 아름답게 보면 아름답소. 그러나 오물로 찌들었다 생각하면 이 또한 오물로 찌들어지는 것이오. 사람이나 동물이야 날 때부터 세상을 원망하고 나오지는 않았을 것이오. 나는 세상이 내게 되었으면 아름답다 생각하고 내가 베푼 만큼 돌아온다는 것을 알고 있소. 있으면 베풀어야하지요. 세상에 영원한 친구나 영원한 적은 없다오.

## 산소의 손을 보다

생전에 부모에게 효 한 번 못하고 좋아하시는 구경조차 못 시켜드려 자식으로서 무한의 죄책감을 느낀다오. 하느라 했다곤 하지만 산은 산소마저 제대로 못 해드려 이 또한 부끄럽소. 좀 안전한 집으로 만들어 드리려고 오늘 산소 손을 보려 하오. 아들과 힘을 합하여 튼튼한 집 지어드리려고 합니다. 나는 남보다 나은 집을 지어드리려고 합니다만 맘에 드실지 모르겠소. 이것이 나의 마지막 힘이고 더 해드릴 수 없음을 아버지께 "용서하여 주십시오." 빌었다. 이 모든 것이 못난 자식의 탓이오. 나의 잘못이오니 부족하시더라도 굽어 살피시고 어린 손주들의 무한한 행복과 건강과 즐거움이 하늘에 이르도록 더욱 더더욱 살펴주시기 바라오. 아들 김윤호, 손자 김진원 집안이 행복하면 모든 일이 잘 풀린다고 생각하오. 자식이 효도하면 어버이가 즐겁지요.

# 어버이날

8일은 어버이날인데 아버지, 어머니 산소가 부실한 곳이 있어 보수작업을 부단히 끝내니 마음이 후련하오. 모든 것이 선견지명이 있는 모양이오. 꿈이 안 좋아 몸 또한 부실했고 여러 가지 어려운 점 해결되니 기쁘오. 역시 돈은 있어야하지 돈이 없으면 할 일 못 한다오. 지금도 선영어미 부실한 곳이 있어 열심히 보수할까 해요. 금년에는 아이들이 준 돈 모아 선영에 쓰니 그리 알라 하였소. 다 아이들의 은덕으로 생각한다.

오늘은 딸들이 온다 하는데 언제 올지는 오는 사람 마음이지 내가 알 수 있소. 나이 먹으면 아이들이 보고 싶고 의지하려는 마음이 생기는 모양이오. 마음은 한참인데 몸이 말을 안 듣고 모든 일이 겁 먼저 나고 용기가 안 생긴다오. 다른 사람도 그런지 묻고 싶소. 오늘은 어찌 지낼지 생각해보아야 하겠소.

오늘 희자를 비롯해 선자 모두 아이들이 온다하니 나로서는 기쁘고 감격스러우나 어버이날 당신이 없는

지 벌써 2년이 넘고 해가 세 번이 바뀌었는데도 당신은 내 곁에 못 모시는 이 몸 몹시 원망도 하겠지요. 나 또한 여러모로 생각하니 아이들 말을 거절할 수 없어 그러하오니 미안하오. 가급적 나로서는 빨리 모든 것을 잊어버리고 싶은데 뜻대로 안 되니 이해해주고 용서하구려. 아직 희자는 도착하지 않았는데 몇 분 후에 오면 좋은 아이디어가 나올지 누가 알겠소. 참으로 안타까운 일일 뿐이고 내 마음 같지만 오늘은 이만하기로 하고 또 글씨로서나 적어놓을 뿐이오.

## 화분 하나하나, 집기 하나하나가 소중해

"세상을 원망하랴, 내 아내를 원망하랴."는 <유정천리>의 노랫말이 어쩜 내 맘과 같소. 사람이 없으면 아무것도 얻을 것이 없다는 것을 기억하려오. 누구나 옳은지 틀린지는 지나온 경험이 기억하고 오늘의 일은 너와 너의 아들과 내가 기억할 것이오. 언제인가는 후회하고 어미의 마음 기억하리다. 나야 어떤 면에는 성공을 했는데 어떤 면은 실패한 것 같소. 애비야 하는 데까지 하다 가면 그만이지만 아이들은 후에 기억하리라.

큰 딸이 다리가 아프다하니 그것이 걱정이지, 다른 걱정은 없소. 눈물은 흘려본 사람이 아는 것이 눈물을 흘려보지 않고 배고파본 사람이 아니면 모른다오. 나도 할 말도 많고 할 일도 아직 남아 있소. 아이들은 모르지만 50년의 어린 애환이 깃들어있는 모든 것이 없어져도 아무 말 못하는 나의 마음을 모른다오. 소중한 화분 하나하나, 집기 하나하나 보며 하루 지내면서 나의 쓸쓸한 마음을 달래는 것을 왜 아이들은 이해

못 하는지 이해하기 힘들다오. 그것들마저 마지막으로 나에게서 뺏어간다면 나 또한 멀리 떠나야하지요, 떠나고 싶은 마음 안 가져본 날이 없을 정도라오. 참으로 안타까운 심정이오. 당신도 갔으니 나 또한 가야지요.

# 6.25남침 경험담

꿈도 많던 15세 나이에 맞은 전쟁이라 그저 죽지 않으면 사는 식의 나날이었소. 나는 그날 저녁에 일을 역력히 기억하고 있소. 오늘을 빌려서 한 줄 그려볼까 한다오. 새벽 다섯 시, 이 시간쯤이나 이웃에 사는 박용철 형이 지금 문소리가 날 것이니 놀라지 말라고 전하였소.

그 시각 십분 후쯤 요란한 포성이 울리고 6.25가 시작되었소. 그때 내 나이 15살이고 아버지, 어머니, 중호, 정숙, 나 다섯 식구였소. 새벽이 되어서 일어나니 동리(매바위) 사람들이 웅성거리고 빨래터에는 이미 전투현황판이 걸려있고, 북에서 남을 해방시키기 위해서 전쟁이 시작되었다는 소식을 들었소. 후 인민군이 마을 축동에 탄약과 무기를 가지고와 싸놓은 것을 나의 눈으로 똑똑히 보았소. 그 후 탄약고 경비 군인들과도 같이 목욕도 하고 놀기도 하였던 기억이 생생하오. 내가 이제 80이 되어서 정신이야 흐리지만 기억만은 역력하오.

후일 누가 뭐라 해도 남침이었고 소련군도 목격되었소. 그때 그들은 고문관이라 불렸고 소련군 소령이 파병 나와 있었었소. 그 후 전쟁은 치열했고 북한은 연일 승전보를 전하고 학교에서는 연일 특보로 선전을 하였소. 우리 가족은 그때부터 고생의 길을 걸어야했소. 어머니의 고생이야 이루 말할 것 없고 올라가고 내려가고 피난길에 정숙이 동생 또한 고생이 많음을 나는 기억하고 있소.

후일 전쟁은 누가 지고 이기던 나에게는 하루하루 사는 것이 지겨웠고, 그 해 9.28 수복이 되어서 아버지가 구사일생으로 살아 돌아왔는데 가족과 같이 못 하시고 1.4 후퇴시 중공군의 길잡이로 또 끌려가셨소. 그 후 우리 가족은 남으로 피난길을 떠나서 효명골이라는 곳에서 피난 생활을 해서 열심히 살았고 나는 어린 나이에 미군 부대를 전전하면서 약간의 돈도 모았었다. 그 후 최가채리에 조그만 초가집을 구입해서 살기도 했소. 그후 수복이 되어 이동 와서 땅도 조금 장만하고 남과 같이 살았소. 그 후 나의 인생에 대해서는 쓰지 않기로 하오. 후일 기회 있으면 쓸까 생각도 해본다오.

# 50년 된 애향회의 간판을 내리다

해가 졌으니 밤이 오고 밤이 가면 내일은 시작되고 누구는 팔자 좋아 평양으로 가는데 평양이 지척인데도 가지 못하는 실향민들은 얼마나 서글프랴. 이 몸 역시 그러하거늘, 오죽이나 서글플까. 이것이 권력과 가진 자와 없는 자의 선인 것을 알면 무엇하랴.

내일이면 50년 이상 된 애향회 자체가 간판을 내리고 마는데 마음이야 고향 생각하는 심정 같으리라. 간판은 내리더라도 50년 전 뭉쳐서 하고자 했던 일은 못 하지만 나름대로 창설해서 이끌고 끌려온 보람은 있다. 마음이야 예나 지금이나 다름없지만 섭섭함 어디 비하랴.

길 떠난 나그네 오늘은 어디서 무엇을 할지 생각해보고 길을 걸어가야지. 힘없는 나그네의 발걸음 가야할 길조차 없구나. 무엇을 기다리고 무엇을 할지 발걸음만 무겁구나. 무사히 모든 일이 잘 마무리되고 작은 아이가 내일 아침 의정부로 나오라는데 금요일에 나가기로 했다.

# 어머니 전 상서

들녘에 무르익어가는 벼이삭을 보며 옛적 내 어린 시절 어머니가 벼이삭을 잘라 와서 가마솥에 볶아서 절구에 찧어서 죽을 쑤어주시던 생각이 나, 이제 나이 80이 되니 뉘우치게 됩니다. 부끄럽습니다.

이제 와서 불효자식이 후회한들 무얼 하며 눈물을 흘린들 무얼 하겠습니까? 그 높은 은혜의 덕을 어찌 표현할 수 있겠습니까? 참으로 어머니의 속도 많이 썩이고 생전에 따뜻한 말 한마디도 못해드린 것이 후회스럽습니다. 어머니 모시는 것도 모두 아내가 도맡아서 섬겼기에 좋은 음식 한 그릇 못 사드린 것이 후회가 됩니다. 지금 나는 마음대로 쓰고 싶은 돈 쓰며, 먹고 싶은 것 사 먹으며, 입을 걱정 없이 삽니다. 그래서 더 죄스럽습니다.

이렇게 살게 된 이것은 다 죽을 고비도 몇 번씩 넘기시고 우리를 거두신 어머니와 유명을 달리한 아내의 덕이라 생각합니다.

이제 나이 80이 넘어서 이제 늦은 생각은 있으나

눈을 감고 어머니 생각을 해봅니다. 늘 정성들여 자식만 생각하는 어버이의 마음에 엎드려 감사를 드리며 소서를 맞이하여 들녘에서 일자(一字) 올립니다.

남은 여생이나마 계속해서 어린 손자 손녀의 행복을 빌고 바라면서 살까 하며 한 자 올립니다.

2016년 9월 23일

불효자 김윤호 올림

# 6.25의 비극

## – 아버지 전 상서

인간이 사는 것이 다 그렇다. 아버지와 동네 형수님의 죽음을 생각하자니 더욱 그러하다. 1950년 가을, 곤궁한 시절에 청년들의 6.25참전 모병 모집 때 할 수 없이 전쟁의 마당으로 끌려간 형들의 모습이 떠오르는 하루다.

그 형들이 신혼 시절에 자원형식으로 끌려가는 모습이 지금도 역력하다. 그때 형수님은 앳된 소녀였건만 70여 년 간 홀로 살다 묵묵히 돌아가셨다는 그 소식을 매바위에 사는 동생들에게 들으니 우리 아버지 더욱 모습이 더욱 아프고 슬프다. 그립고 눈물이 난다.

9.28수복은 분명 기쁨의 날이었건만 1.4후퇴 때 또 헤어져 3년 후 병들어 집으로 돌아오신 아버지는 50의 나이로 아직 어리고 힘없는 모습이었다. 전쟁에 시달려 병마로 돌아가신 아버지의 모습을 생각하니 한없이 슬프다. 나 여기에 이르러 좋은 옷과 음식을 즐기며 사는 것이 아버지께 죄스럽고 가슴 아프다.

이 도서의 국립중앙도서관 출판예정도서목록(CIP)은 서지정보유통지원시스템 홈페이지(http://seoji.nl.go.kr)와 국가자료종합목록 구축시스템(http://kolis-net.nl.go.kr)에서 이용하실 수 있습니다.
(CIP제어번호 : CIP2020039628)

김윤호 문집

# 꿈같은 당신 얼굴

초판인쇄일 2020년 10월 12일
초판발행일 2020년 10월 19일

지은이 : 김윤호
발행인 : 김순진
편집장 : 전하라
디자인 : 김초롱
펴낸곳 : 도서출판 문학공원
등 록 : 2004년 3월 9일 제6-706호
주 소 : 우편번호 03382 서울 은평구 통일로 633
녹번오피스텔 501호 스토리문학사
전 화 : 02-2234-1666
팩 스 : 02-2236-1666
홈페이지 : http://cafe.daum.net/yob51
이메일 : 4615562@hanmail.net